スピード攻略
Webテスト

'26
年版

TG-WEB

Abuild就活 監修

成美堂出版

TG-WEBをスピード攻略！

本書がTG-WEBに有効な理由

対策なくしてTG-WEBの突破は困難！

就活の成功には避けられないWebテスト。その中でも、TG-WEBは有力企業・人気企業でよく使われているテストで、内容面において他のテストとはまったく違うものと考えなければいけません。TG-WEBのための対策は不可欠で、本書に掲載する「分野別解説」と「実力模試」の両方を用いて十分な準備を行うことが内定への近道となります。

実際のテストの傾向・レベルをそのまま再現！

実力模試では、本番の試験の問題構成や試験時間、難易度の傾向といった特徴も丁寧に再現。実戦力を身につける対策を可能にしています。

解説で類似問題にも対応できる応用力が身につく

解法のポイントや速解のコツもピックアップ。類似問題に応用できるものとなっていて、ムダなくTG-WEBを攻略できます。

計数・言語・英語の3分野をバランスよく掲載

A（旧）型とB（新）型、2つのタイプの問題を収録。TG-WEB独自の問題もしっかりと網羅しており、テストの特徴を把握するのにも有効です。

重要科目「性格テスト」も事前対策できる！

企業がとても重視している性格テストも準備できます。

最短攻略！3つのステップ

TG-WEBを本書で最短攻略するには、次のような3つのステップがあります。

ステップ1（戦略）

「全体像の把握」として、テストを種類と出題内容の2つの観点から理解します。出題科目は、「言語」「計数（非言語分野）」「英語」「性格テスト」と分かれています（本書11ページからの第1章を参照）。

ステップ2（戦術）

全体像を理解したうえで、出題科目ごとにどのような形式の問題が出てくるのかを洗い出します（本書27ページからの第2章を参照）。

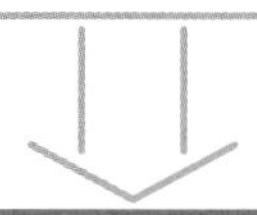

ステップ3（実行）

優先度を明確にするため、下記のように実力模試（本書81ページからの第3章、本書131ページからの第4章、そして別冊）を計3周しましょう。

①本書の実力模試を1周、制限時間内で解いて実力を把握します。問題ごとに時間を測り、正解・不正解、時間内に解答できたかを記録します。そして不正解または時間内に解答できなかった問題は、解説を熟読して解き方の流れを頭に入れます。正解した問題も、より効率的に解ける方法があるかもしれないという視点で解説を読みましょう。

②2周目は、1周目で不正解だった問題と時間内に解答できなかった問題に取り組みましょう。まだ不正解だった問題は解説を書き写して、頭で再現できるようにしましょう。

③3周目は、全問を解き直します。弱点分野を克服できているか確認し、完璧な状態に近づけてください。

本書の使い方

第2章　TG-WEBの解き方のコツ

テストの科目に関する出題情報をまとめた章です。それぞれの科目で頻出の内容を、解き方のコツなどを含めて紹介しています。

科目別の頻出テーマ
それぞれの科目でよく出されている問題(テーマ)について分類し、解説しています。

ポイント
解法のカギとなる有益な情報を紹介。

❻計数対策/A(旧)型

図形問題1(立方体の展開図)

▶展開図の中で最小の角(正六面体では90°)をつくる外側の2辺どうしは、立体では重なり合う辺(接している辺)。

図形問題を代表する展開図は、立方体を平面にした図です。特徴としては、1)**展開図の中で最小の角(正六面体では90°)をつくる外側の2辺どうしは、立体では重なり合う辺(接している辺)になります。**2)1で重なり合った辺の隣の辺どうしも立体では重なり合います。ただし、2つの面が共有する辺は1組しかありません。3)さらに2は繰り返します。

図のような立方体の展開図として正しいものはどれか。

○1.　○2.　○3.　○4.　○5.

46

解答・解説

正解　3

ポイント　立体の展開図は、変形させることが可能である。

「立方体の展開図」の問題です。立方体の展開図は、変形させることが可能です。しかし、実際に変形しなくとも、**立方体と展開図の関係がつかめれば正解の図はすぐに選び出すことができます**ので、この関係を使いこなせるようにしていきましょう。

◆手順1　注目する図形を決める

例えば黒い二等辺三角形の縦長の上部を上としておきます。立体では〈黒の上〉と〈白の左〉が隣どうしで並んでいます。〈白の下〉と〈灰の右〉、〈灰の上〉と〈黒の右〉も隣どうしで並んでいて、これらは時計回りに配置されています。

上　左　右　下

◆手順2　立体と展開図の関係

各選択肢に46ページで説明したように辺をそれぞれ線で結んでみます(下図)。選択肢1は〈黒の上〉、選択肢2、選択肢4、選択肢5は〈黒の右〉が立体と異なっていますので正しい展開図ではありません。選択肢3は〈黒の上〉と〈白の左〉、〈黒の右〉と〈灰の上〉が①の線で結ばれています。**線で結ばれたところは立体のときに接していた辺**です。また、〈白の下〉と〈灰の右〉が②の線で結ばれています。さらに、〈白の右〉は③の線で何もない正方形と結ばれています。

1.　2.　4.　5.

47

第2章　TG-WEBの解き方のコツ

問題(ケーススタディー)
実際に出題されるレベルの問題をケーススタディーとして掲載。

解説
頻出問題の解き方を解説。類似問題にも対応できる知識を紹介。

第3章・第4章 TG-WEB実力模試・問題

実際のテストと同じレベル、出題傾向の実力模試です。問題数や構成も実際のテストと同じです。各科目の制限時間に合わせてタイマーをセットし、繰り返し学習するとよいでしょう。

目標制限時間
全体の制限時間を考慮して、該当する問題でおよその使える時間を算出しています。目標なので、必ずしもこの時間で解けなくても大丈夫です。

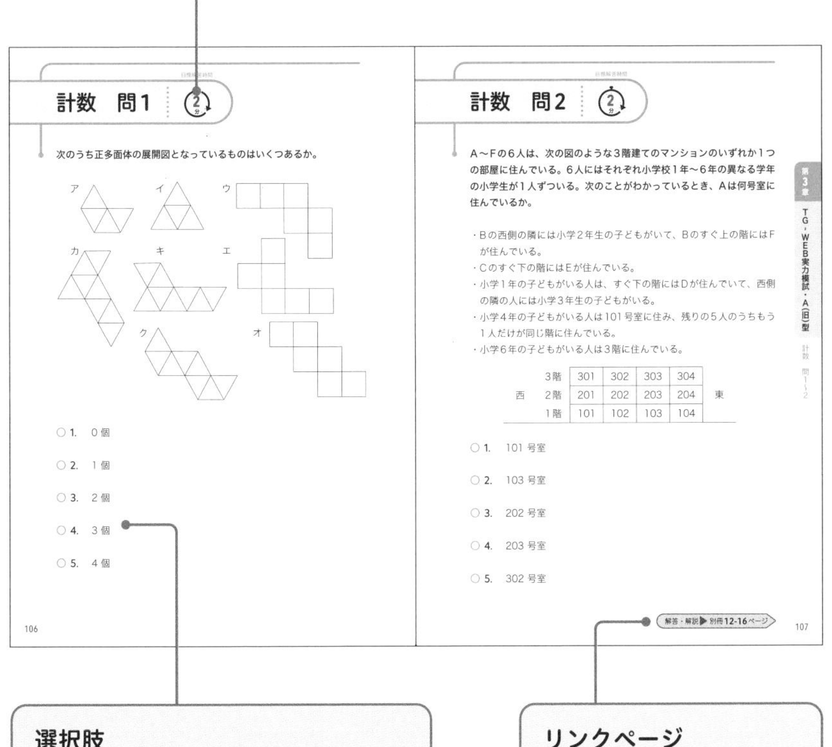

計数 問1 2分

次のうち正多面体の展開図となっているものはいくつあるか。

ア イ ウ カ キ エ ク オ

○ 1. 0個
○ 2. 1個
○ 3. 2個
○ 4. 3個
○ 5. 4個

106

計数 問2 2分

A～Fの6人は、次の図のような3階建てのマンションのいずれか1つの部屋に住んでいる。6人にはそれぞれ小学校1年～6年の異なる学年の小学生が1人ずついる。次のことがわかっているとき、Aは何号室に住んでいるか。

・Bの西側の隣には小学2年生の子どもがいて、Bのすぐ上の階にはFが住んでいる。
・Cのすぐ下の階にはEが住んでいる。
・小学1年の子どもがいる人は、すぐ下の階にはDが住んでいて、西側の隣の人には小学3年生の子どもがいる。
・小学4年の子どもがいる人は101号室に住み、残りの5人のうちもう1人だけが同じ階に住んでいる。
・小学6年の子どもがいる人は3階に住んでいる。

	3階	301	302	303	304	
西	2階	201	202	203	204	東
	1階	101	102	103	104	

○ 1. 101号室
○ 2. 103号室
○ 3. 202号室
○ 4. 203号室
○ 5. 302号室

解答・解説▶別冊12-16ページ

107

第3章 TG-WEB実力模試・A(旧)型 計数 問1～2

選択肢
実際の試験では、数字の左の○をクリックします。本書では答えをノート等に書き留めておきましょう。

リンクページ
該当の問題の解答解説がどのページにあるのかを表しています。

別冊 TG-WEB実力模試・解答解説

実力模試の解答解説です。丁寧に詳しく解説していますので、解けなかった問題はもちろん、解けた問題もしっかりと読んで、効率的な解法を学びましょう。

速解のコツ
より効率的に解くために知っておきたい、基本的な知識を紹介。

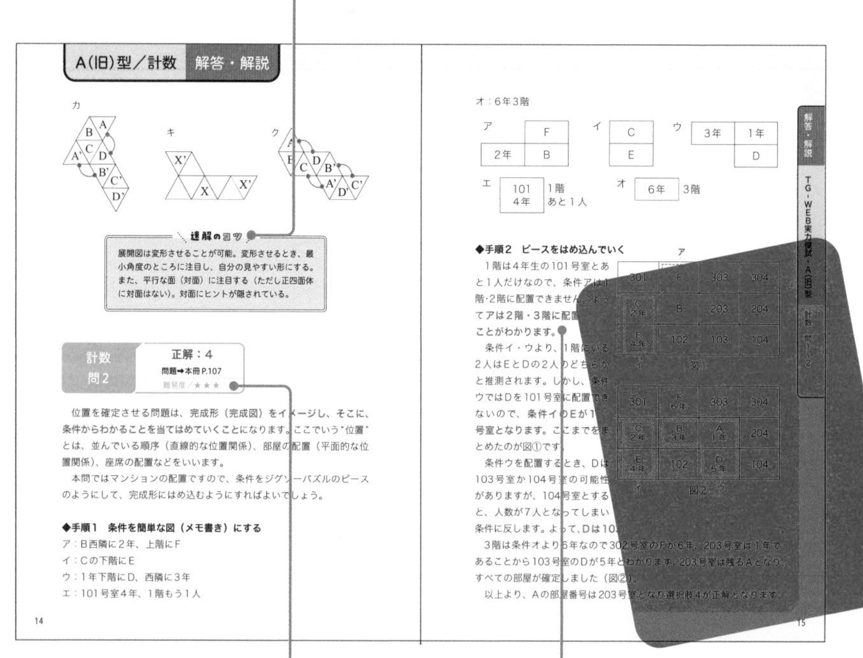

リンクページ／難易度
リンクページは問題の掲載ページを、難易度は星１つが「やさしい」、星２つが「ふつう」、星３つが「難しい」を表します。

解説
図や表を使って、わかりやすく解説。重要部分は付属の赤シートで消えます。

※本書の情報は、原則として2024年4月1日現在のものです。

はじめに

就職活動は社会人になるための準備期間であり、“社会人として活躍できる”と企業にアピールする場です。社会人として活躍するためには、生産性を高めて高い成果を出すスキルである「タスクマネジメント」と「タイムマネジメント」を身につけておかなければなりません。Webテストの対策もこれらを意識することで効率的に進めることができます。

「タスクマネジメント」とは、目標達成のために全体像を把握し、必要なタスクを洗い出し、優先度ごとにまとめて適切に管理することです。目標を定めるために、志望企業ではどのような形式が出題されるか、具体的に必要な対策は何なのかについて事前に調べましょう。この「タスクマネジメント」を意識して、取り組むべき分野を明確にします。

次の段階は「タイムマネジメント」です。これは、時間の使い方の改善を図ることです。選考が近づくと、エントリーシートの作成や企業研究・面接対策などやるべきことが多く出てくるため、Webテストの対策はついつい後回しになってしまいがちです。だからこそ、Webテストの対策はできるだけ早く仕上げておくことが就職活動成功の秘訣です。

そのためにも、すべての優先順位の設定をし、各々の分野に必要な時間を算定し、余裕を持ったスケジューリングをしましょう。

Webテストは最も対策がしやすい選考フローであり、計画的に対策を進めることで確実に点数を伸ばすことができます。また、Webテストの問題やパターンは受験勉強に比べて、はるかに少ないため、基本的なパターンを攻略することで高得点が狙えます。

本書でWebテスト「TG-WEB」の対策を万全に進め、就職活動を優位に進めていきましょう！

Abuild就活　新井翔太

CONTENTS

別冊 TG-WEB実力模試　解答・解説

第1章
すぐにわかる！TG-WEB

学習を始める前に、基本的な知識を持って、TG-WEBを俯瞰しておくことが大切です。テストの見分け方やテストの形式、出題される科目などについて、見ていきましょう。

TG-WEBとは？

テストをパスして面接を受けるためにも、まずは志望する企業がどんな種類のテストを採用しているのかを知ることが第一。

Webテストは志望者のふるい落とし！

Webテストは、多くの企業で採用されている適性検査の一つです。採用する企業側にとっても会場の手配が省ける、遠方の学生のエントリーも期待できる、などといった利点があります。現在では大企業を中心にWebテストを採用しているのが一般的です。

特徴は、**自宅でも受検が可能である**ということでしょう。Webテストはエントリー後に行われますが、パソコンがあれば特に専門のアプリを導入することもせずに受検することができます。

主なWebテストの種類

テスト名	特徴
TG-WEB	Webテストの代表的なテスト。企業のニーズに応じた多彩な性格テストと、基礎学力が試されるテスト。
玉手箱	TG-WEBと並んでWebテストを代表するテスト。対策が必要な図表の読み取りなどが出題される。
WEBテスティング	ペーパーテストで有名なSPIのWebテスト版。
Web-CAB	法則性や暗号など、計数系で独自の出題がされるため、対策は不可欠。IT系の企業で採用されるケースが多い。
CUBIC	難易度の異なる3段階の試験が用意されている。

適性検査であるWebテストを行うねらいとしては、志望者のふるい落としという面が挙げられます。近年の就活における採用基準として人物重視の傾向にあるものの、特に志望者の多い人気企業などにとって志望者全員を面接するのは現実的ではありません。そのため、面接の前に志望者が企業にふさわしい人物であるかを知るために、エントリーシートの提出と同じタイミングなどで課されることが多く、**この結果で志望者を絞り込んでいきます。**したがって、Webテストである程度の結果を残さない限り、面接すら受けることができません。

TG-WEBはWebテストの中でも対策必須のテスト

Web テストにはさまざまな種類があり、**それぞれのテストでどのような内容が出るのか受検前に確認しておかなければなりません。**Web テストで行われる科目を分類すると、人物の適性を企業側が知る「性格テスト」がメインに挙げられ、この科目はどの種類の Web テストにも含まれるのが一般的です。加えて、テストの種類によって国語的な能力をはかる「言語」、数学的な能力をはかる「計数（非言語）」、英語の能力をはかる「英語」という知識科目が実施されます。

Webテストの中でも、TG-WEBは企業が採用する確率の高いテストです。実際、就活を行って複数の企業にエントリーすれば、必ず複数受検することになります。よって、対策は不可欠です。TG-WEBで出題される科目は、上記のように性格テスト、言語、計数、英語であり、次のページから詳細を見ていきましょう。

（Webテストで出題される科目）

科目名	特徴
性格テスト	行動特性等をはかるためのテスト。正誤は特にない。
言語	長文読解や文章の並べ替え等、国語能力をはかる。
計数	算数・数学的な能力をはかる。難易度はさまざま。
英語	長文読解や空欄補充問題などで英語力が問われる。

TG-WEBのテスト形式

TG-WEBには、A(旧)型とB(新)型の2つの種類があり、対策もそれぞれ異なってくる。どちらが出題されるかの判別はトップ画面で行える。

TG-WEBの出題形式は2つ！

TG-WEBのテスト形式は、問題数や難易度、出題形式、制限時間によって主に2つに分けることができます。**1つは、本書ではA(旧)型と表現しているもので、問題数が少なく、制限時間が長い形式**です。A(旧)型の大きな特徴としては、難度が高いことが挙げられるでしょう。特に、数学的能力が求められる計数については難度がとても高く、しっかりと

TG-WEBの2つのテスト形式

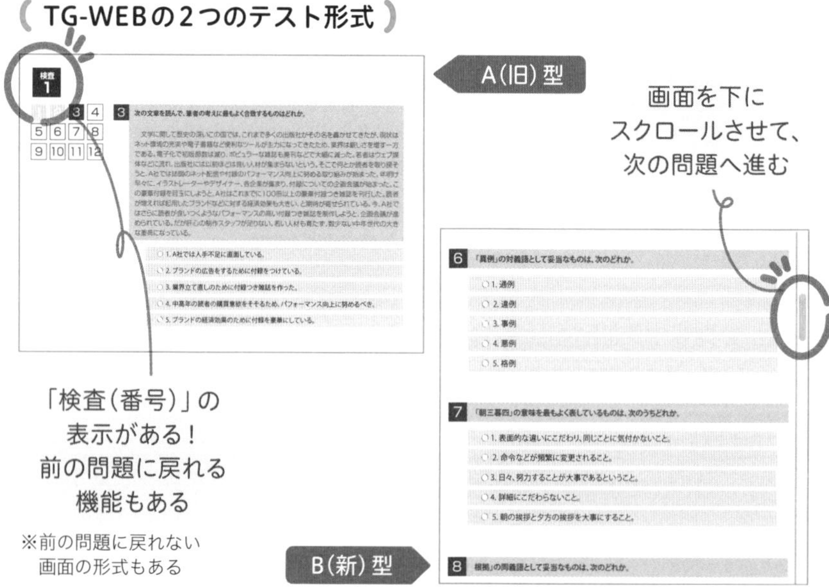

した準備が求められます。

計数の出題パターンを大きく分けると、図形の問題と、文章の条件から推理して解く問題に大別することができます。公務員試験で採用されている数的処理系の問題であり、解答手順を知っておかないと時間ばかりを費やしてしまうような難問です。

一方、**本書でＢ（新）型と呼ぶ出題形式は、前述のＡ（旧）型に比べて問題数が多く、制限時間は短いのが特徴**です。難度は決して高くなく、１問１問を解くスピードが求められるテストといえるでしょう。計数は、基本的な中学の数学レベル以下の内容で、言語は基本的な長文読解・文章の並べ替えに加えて、同義語や対義語等の知識が試されます。

Webテストでは性格テストがほぼ必須！

２つの形式の出題頻度ですが、近年はＡ（旧）型が多く出題される傾向にあります。受検時にどちらの形式であるか実際にテストを始める前に知るには、**テストを受検する際のトップ画面の制限時間に着目するとよい**でしょう（16-19ページ）。

なお、英語については出題している企業は少なく、難度の高いＡ（旧）型での出題がメインになります（74-77ページ）。また、性格テストはＡ(旧)型、Ｂ（新）型にかかわらずほぼ必須で、複数ある種類のさまざまな性格テストから１つ～２つの種類が出されるのが一般的です（78-80ページ）。

TG-WEBは、「ヒューマネージのテストセンター」で受検することもあります。電卓は使えないため筆算しなければなりませんが、出題内容は似ているので、本書の内容を対策として活用できるでしょう。

TG-WEBの２つのテスト形式

テスト形式	言語	計数
A (旧) 型	12問(12分)	9問(18分)
B (新) 型	34問(7分)	36問(8分)

TG-WEBの見分け方

テストのトップ画面で具体的な科目の表示がないかどうか見極める。「問題1」「検査1」、などの表示であればTG-WEB。

テストの種類を見極める！

Webテストを受ける場合、企業によって採用しているテストが毎年異なるケースも少なくありません。したがって、**実際に受検するためのトップ画面にアクセスしてみなければ、どのテストが行われるかわからない**ということになります。

TG-WEBのトップ画面・A（旧）型　ケース1

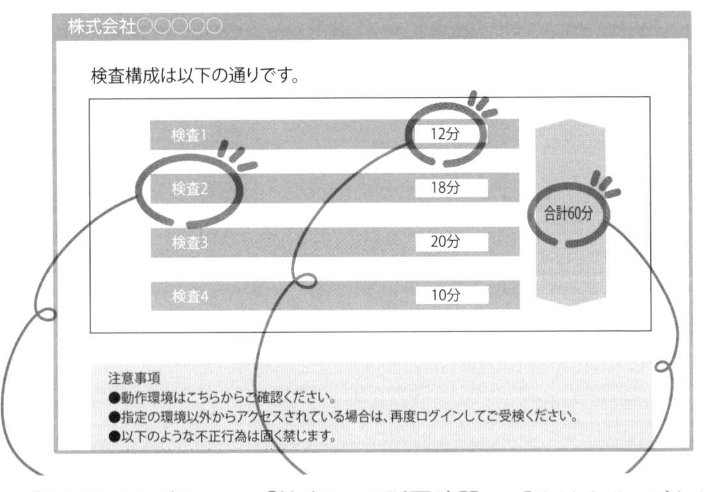

テストの種類を判別するには、**受検するためのトップ画面までいき、どのような画面であるかを見て判断する**必要があります。

Webテストには先述のように、「玉手箱」や「WEBテスティング」、「Web-CAB」など、さまざまな種類があります（12ページ）。すべてのテスト対策を行うのは実際には難しいため、主要なWebテスト以外は**受検するテストの種類を見極めてから対策を行うのが現実的といえます。**

TG-WEBのトップ画面の特徴

TG-WEBのテストには、**複数のデザインのトップ画面があります。**したがって、それらの特徴を押さえておく必要があります。新しい画面が登場することもありますので、科目の表記や制限時間も参考にしましょう。

TG-WEBのトップ画面・A（旧）型　ケース2

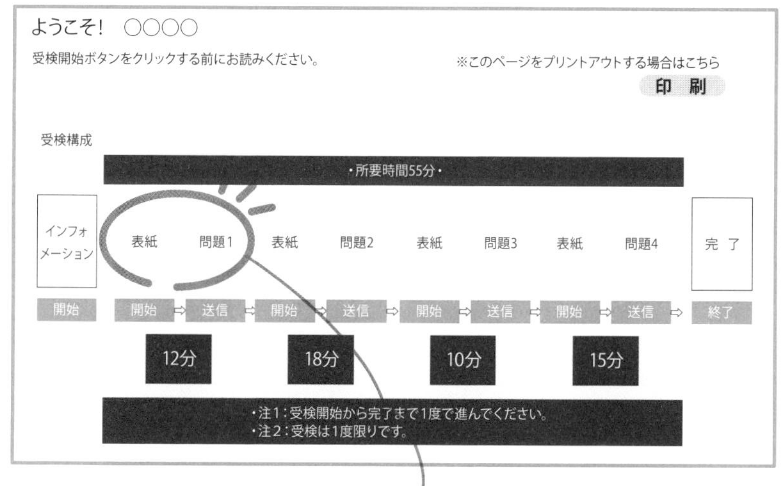

「表紙」や「問題○」があればTG-WEB!

なお、TG-WEBには、AI監視型のTG-WEB（TG-WEB eye）もあります。これは、不正な受検を防ぐために、AIが受検の様子を監視するタイプのTG-WEBです。

TG-WEBのトップ画面・B（新）型

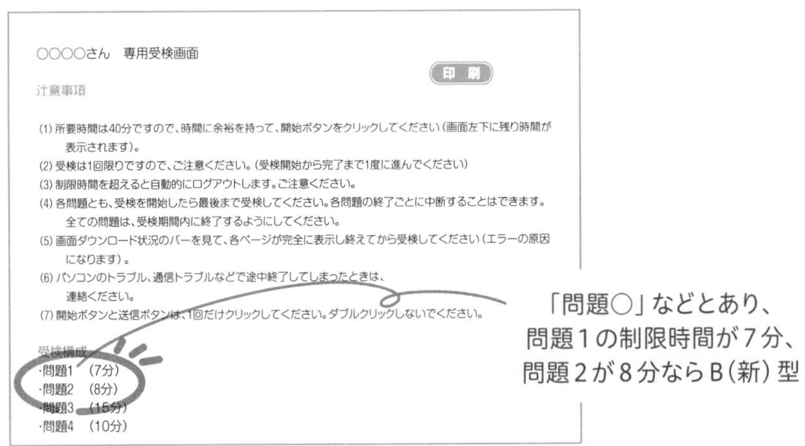

代表的なWebテストのトップ画面も押さえておく

実際に受検するまでは、どんな種類のWebテストが出題されるかわからないため、TG-WEBのトップ画面を知っておくだけでは不十分です。**代表的な別の種類のWebテストのトップ画面の特徴をつかんでおく必要もあります。**

玉手箱のトップ画面

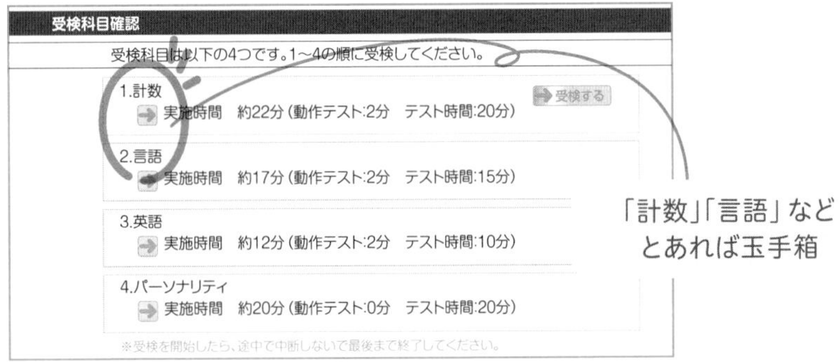

Webテスティングのトップ画面

受検開始

構成は次のとおりです　▶よくある質問と回答

1.情報入力
2.能力適性検査(約35分)
・言語検査
・非言語検査
3.性格適性検査(約30分)

注意事項

◆所要時間は約65分です。
回答結果は、受検終了と同時に送信されます。
◆あらかじめ以下のものを準備してください。
1.電卓
2.筆記用具
3.メモできるもの
◆開始後は必ず最後まで受検してください。
ただし、やむをえない場合には能力適性検査の後で一旦中断し、
後に性格適性検査を受検することができます。
◆ご使用のパソコン環境により、画面の表示に時間がかかることがあります。
◆以下のような不正行為を固く禁じます。
・本人以外の者が代理で回答すること
・回答中に他者から助言を受けること
不正が発覚した場合は、回答の結果を無効とし、厳正に対処します。

開始　中断

「非言語検査」などとあればWebテスティング

Web-CABのトップ画面

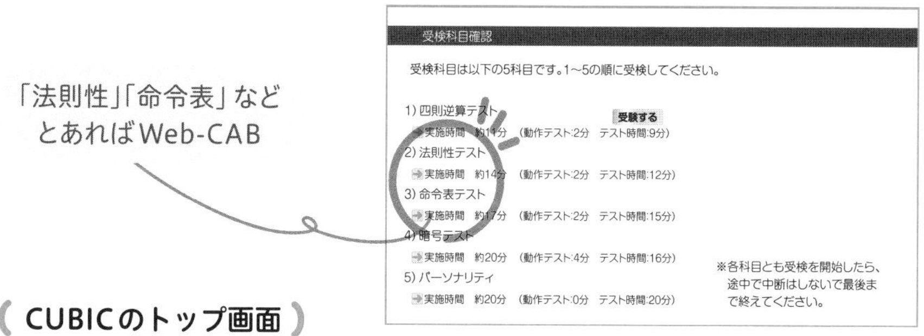

受検科目確認

受検科目は以下の5科目です。1～5の順に受検してください。

1) 四則逆算テスト　受験する
→実施時間　約14分　(動作テスト:2分　テスト時間:9分)
2) 法則性テスト
→実施時間　約14分　(動作テスト:2分　テスト時間:12分)
3) 命令表テスト
→実施時間　約17分　(動作テスト:2分　テスト時間:15分)
4) 暗号テスト
→実施時間　約20分　(動作テスト:4分　テスト時間:16分)
5) パーソナリティ
→実施時間　約20分　(動作テスト:0分　テスト時間:20分)

※各科目とも受検を開始したら、途中で中断はしないで最後まで終えてください。

「法則性」「命令表」などとあればWeb-CAB

CUBICのトップ画面

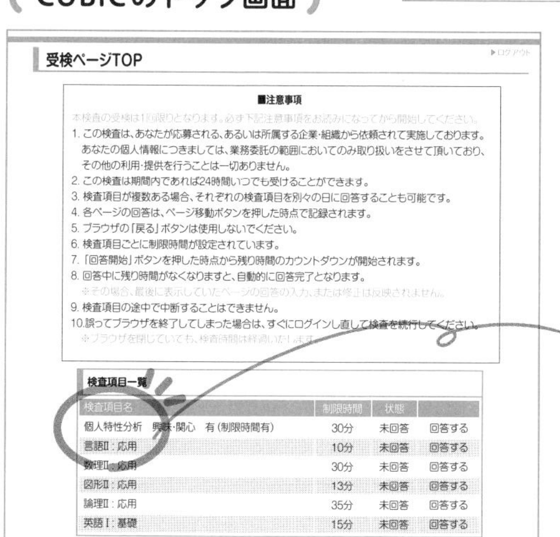

受検ページTOP　▶ログアウト

■注意事項

本検査の受検は1回限りとなります。必ず下記注意事項をお読みになってから開始してください。
1. この検査は、あなたが応募される、あるいは所属する企業・組織から依頼されて実施しております。あなたの個人情報につきましては、業務委託の範囲においてのみ取り扱いをさせて頂いており、その他の利用・提供を行うことは一切ありません。
2. この検査は期間内であれば24時間いつでも受けることができます。
3. 検査項目が複数ある場合、それぞれの検査項目を別々の日に回答することも可能です。
4. 各ページの回答は、ページ移動ボタンを押した時点で記録されます。
5. ブラウザの「戻る」ボタンは使用しないでください。
6. 検査項目ごとに制限時間が設定されています。
7. 「回答開始」ボタンを押した時点から残り時間のカウントダウンが開始されます。
8. 回答中に残り時間がなくなりますと、自動的に回答完了となります。
※その場合、最後に表示していたページの回答の入力、または修正は反映されません。
9. 検査項目の途中で中断することはできません。
10. 誤ってブラウザを終了してしまった場合は、すぐにログインし直して検査を続行してください。
※ブラウザを閉じていても、検査時間は経過いたします。

検査項目一覧

検査項目名	制限時間	状態	
個人特性分析　興味・関心　有(制限時間有)	30分	未回答	回答する
言語II：応用	10分	未回答	回答する
数理II：応用	30分	未回答	回答する
図形II：応用	13分	未回答	回答する
論理II：応用	35分	未回答	回答する
英語I：基礎	15分	未回答	回答する

「個人特性分析」などとあればCUBIC

テストを受けるまでの流れ

トップ画面でWebテストの種類を確認して、受検期間の範囲内でテストに応じた対策（おさらい）を行ってから、実際の回答に臨む。

Webテストを受検するタイミングはさまざま

TG-WEBのテストを受検するには、まずは企業のホームページでエントリーする必要があります。**エントリー後にどのタイミングでテストを受検するかは企業によって異なります。**

エントリー後、すぐに受検するケース、会社説明会等に参加したのち受検するケースなど、企業によってさまざまです。エントリーシートの提出と一緒に受けるケースもあります。タイミングについては企業HPの採用ページ（Myページ）やメールでの指示にしたがいます。

採用ページ（Myページ）の例

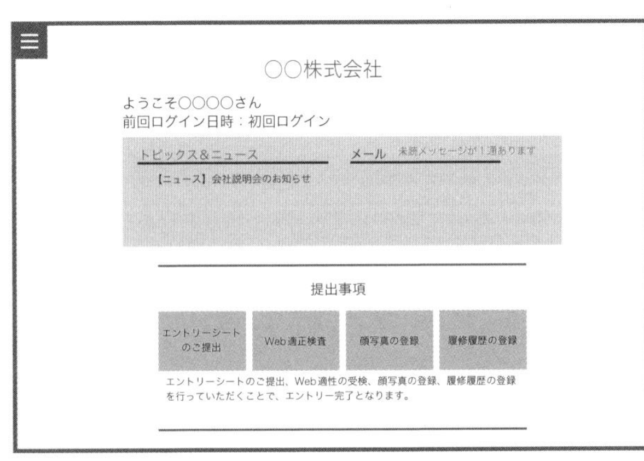

企業の採用ページ（Myページ）では、エントリー時および、エントリー後の情報が提供される。IDとパスワードでこのページに入り、Webテストを受検する。

まずはトップ画面を確認

受検ができる状態になったら、採用のホームページ（My ページ等）からアクセスして、受検開始のアイコンをクリックします。ただし、**注意事項・確認事項の画面のあと、そのまま実際の回答をスタートする画面に進む必要はありません。**

肝心なのは、最初のトップ画面の確認です。16-19 ページの TG-WEB の見分け方を参考に、果たして該当のテストが TG-WEB なのか、また A（旧）型なのか、B（新）型なのかを判断する必要があります。

テストの種類を確認してから対策（おさらい）を！

TG-WEB であることがわかっても、学習の準備が十分にできていなければ、一度画面を閉じて学習しなおしてもよいですし、準備が十分にできていればそのまま受検します。注意したいのは、受検期間です。**受検期間が過ぎてしまえばテストを受けることができなくなってしまいます**ので、しっかり確認しておきましょう。

受検期間ぎりぎりの受検も NG です。通信回線のトラブルもありうることを考慮して、余裕を持って受けるようにしましょう。

〔 Webテストを受検するまでの流れの例 〕

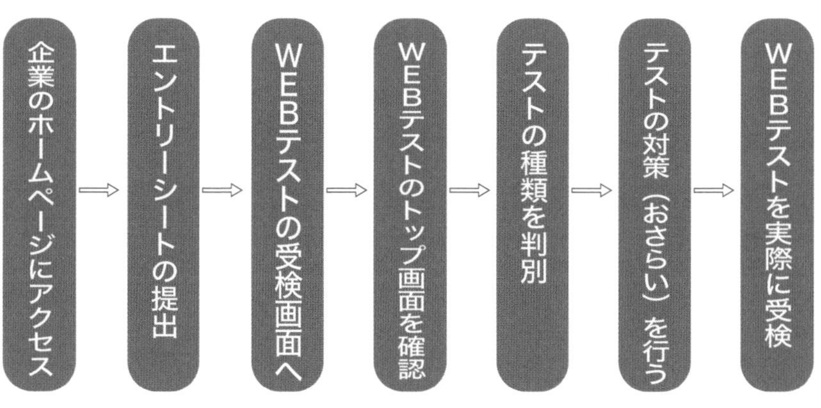

試験の科目別特徴

言語、計数のA（旧）型、B（新）型では出題形式や問題数も異なる。また、性格テストは複数の種類があり、それぞれのテストで判断される能力が違う。

「言語」は、語彙力と要旨を素早く把握する力が攻略のカギ

言語の出題では、文章読解問題・語句の知識が中心です。語句の知識を１問４秒前後、読解問題を１問１分前後で答える必要があります。語句の問題を素早く解答できれば、読解問題に約２分確保することも可能になります。問題の内容は、対策をしていない人や読書経験の浅い人には難しく感じるかもしれません。一方、しっかり準備してスピードに慣れた人であれば高得点も期待できます。すなわち、言語は**「速く確実に判断できる」かどうかを試しているテスト**と言えるでしょう。準備をする過程で「情報を収集し、自分の力を分析し、必要な行動ができる」ようになることを目指して学習したいものです。

TG-WEBには、**A（旧）型、B（新）型という２つの形式の試験がありますが、読解問題で要旨を問う問題は共通**しています。以下、言語の２つの形式と科目をまとめておきます。

言語のテスト形式別の問題数・制限時間・出題内容

テスト形式	問題数	制限時間	出題内容
A (旧) 型	12問	12分	空欄補充問題３～４問、要旨把握問題６問、並べ替え問題２～３問
B (新) 型	34問	7分	要旨把握問題４問、同義語10問、対義語10問、ことわざ・慣用句・四字熟語等10問

◉文章読解・要旨把握問題の特徴

文章読解・要旨把握問題は、A（旧）型とB（新）型で出題され、問題文はそれほど長くはありません。A（旧）型のもので400～650字ぐらいの文章が6題、B（新）型の方ではもう少し長い700～800字のものも含んだ4題が出題されます。それぞれ1つの文章につき設問は1つです。説明文・論説文・評論文など、何かについて説明する文章、もしくは事実に対して筆者の主張が述べられる文章が多く、物語や小説のような解釈にばらつきの出る文章は出題されません。

設問は、**書かれている情報の要旨を読み取り、選択肢5つの中から適切なもの1つを選ぶ形式が主流**です。本文中の内容と合致するものが複数あり、その記号をすべて含む選択肢を選ぶ形式もあります。

◉そのほかの出題内容

並べ替え問題は、**5～6のパーツに分解してあり、順番を入れ替えた文章を、構成の整った1つの文章に戻して答える問題**です。A（旧）型で出題され、言語分野ではこの並べ替えを難しく感じる人が多いようですが、コツをつかめば攻略できることが多いです。

語句の知識問題は、妥当なものを5つの選択肢から1つ選ぶ形式。同義語、対義語、ことわざ等の意味が問われ、B（新）型のみの出題となります。40-43ページのもの等を含め、一通りおさらいしておきましょう。

TG-WEBの「計数」は対策が不可欠

計数の出題ではA（旧）型とB（新）型の形式で難易度が大きく異なり、A（旧）型はすべてのWebテストの中で比較的難問といえます。A（旧）型の計数に関する問題は、大きく分けて、**図形のパズルのような問題と、文章の条件から推理して解く問題に分類**できます。図形のパズルのような問題は、うまく処理する手順を身につけていることが望まれます。これらの難問ともいえる問題に対処するには、解法をマスターし、繰り返し問題を解くことが大事です。パターン化された問題の練習を繰り返すと「解き方・考え方」が身につきますので、パターン化されていない問題にも対処できるようになるものです。文章条件から推理する問題は、一読しただけでは意味が読み取りにくいようにつくってありますので、条件を理解しやすく整理することが必要になります。

◉ B（新）型の計数の特徴

B（新）型の計数に関する問題は、四則演算問題が中心になります。**解答スピードが求められる問題のため、効率的に解けるよう慣れておくことが必要**です。また、図表の読み取りの問題は難しくはなく、問われているポイントを理解して解けば十分に対応できます。

（計数のテスト形式別の問題数・制限時間・出題内容）

テスト形式	問題数	制限時間	出題内容
A (旧) 型	9問	18分	図形問題４問程度、推理問題５問程度
B (新) 型	36問	8分	図表の読み取り問題６問程度、四則演算問題（一次方程式のような問題）30問程度

「英語」はすべての企業で出題されるわけではない

英語の問題文のテーマは、政治・経済・社会・文化・エッセイと多岐にわたります。出題されないケースも多く、出題される場合は全体としてしっかりとした英語力を試されます。問題には、**大きく分けて「空欄補充」「言い換え」「長文読解」の３種類**があります。

（英語の問題数・制限時間・出題内容）

問題数	制限時間	出題内容
10問 (20問タイプもあり)	15分 (30分タイプもあり)	「空欄補充」「言い換え」「長文読解」の３種類があり、１長文につき５問ずつ、２長文10問出題されるのが基本

「性格テスト」にはさまざまなテストがある

TG-WEBには、複数の性格テストがあります。**それぞれのテストで判断される能力が違い、企業が求める人物像であるかどうか客観的に判断されます。**

性格判断にあたっては、さまざまな基準が質問に持ち込まれ、それらは数値化されます。性格テストはその重要性から、計数や言語を実施しなくても、このテストだけを実施している企業も少なくありません。したがって、しっかりテストの特性を把握して答えるべきでしょう。

主な性格テストでの基準を以下に挙げておきます。

- **説得力/交渉力**
- **友好的/集団的**
- **社会性/表現力**
- **数値への志向**
- **緻密さ**
- **精神的な強さ**
- **指導力**
- **協調性**
- **対応力**
- **論理的**
- **創造性**
- **感情の起伏**
- **外交的/社交的**
- **人への配慮**
- **作業への志向**
- **計画性**
- **心配性**
- **行動力**

性格テスト・種類別の問題数・制限時間・要旨

種類	問題数	制限時間	要旨
G9	60問	10分	ストレスに対処できるかどうかを判定するテスト。ストレスから回復する力を測定する「G9neo（72問・制限時間10分）」も登場している。
A8 (Another8)	98問	15分	コンピテンシー理論に基づいたテスト。応募者がこれまでどのような行動や考え方をしてきたかをはかる。
W8	40問	10分	チームで力を発揮できるかどうかを見極めるテスト。パーソナリティ上の問題がないかも確認可能。
Q1	32問	10分	仕事にのめり込み、働きがいを持つこと「エンゲージメント」を高める特性があるかを判定。

TG-WEBを採用したことのある企業例

これまでに適性検査で「TG-WEB」を採用したことのある主な大手企業です。企業の判断で、必ずしも毎年、「TG-WEB」を採用するとは限りませんのでご注意ください。

アサヒビール
味の素
伊藤ハム
内田洋行
エイベックス
エーザイ
大阪ガス
大塚製薬
オカムラ
小田急百貨店
オルビス
花王
キヤノン
協和キリン
キリンホールディングス
近畿日本ツーリスト
クラブツーリズム
シグマクシス・ホールディングス
シスコシステムズ
資生堂
ジャパネットたかた
ジョンソン・エンド・ジョンソン
住友化学
セイコーエプソン
そごう・西武
損害保険ジャパン
大正ファーマ
大成建設
大日本印刷
宝酒造
武田薬品工業
テレビ朝日
テレビ東京
デロイトトーマツ
コンサルティング
東京海上日動火災保険
東京セキスイハイム
東洋水産
ドワンゴ
ニコン
ニトリホールディングス
日本政策金融公庫
日本たばこ産業
日本テレビ放送網
日本ベーリンガーインゲルハイム
日本マイクロソフト
ノバルティスファーマ
乃村工藝社
不二製油
マルハニチロ
ミツカンホールディングス
三菱重工業
三菱 UFJ 銀行
明治安田生命保険
メタルワン
モルガン・スタンレー・
インベストメント・マネジメント
ヤマザキビスケット
ライオン
リコー
ワコールホールディングス
NTT データフロンティア
SCSK
SMN
TOPPAN ホールディングス
TOTO
UACJ

ほか多数

第2章 TG-WEBの解き方のコツ

Webテストは、基本的なパターンを理解し、どのタイプのどういう問題なのかを体系化して勉強することがポイントです。例えば、「これは計数の図形問題で、積み木の問題だから、図形をスライスして１枚ずつ検討していくべきだ」と問題を見た瞬間に解法がわかればよいのです。

❶言語対策/A(旧)型・B(新)型

要旨把握問題

▶ 中学・高校レベルの文章の要旨把握に関する選択問題。
▶ TG-WEB の問題では、一つの文章につき一つの設問。

要旨把握問題を、読むときと解くときに分けてポイントを整理してみましょう。まずは、文章を読むときのポイントです。

◉集中して一度で深く読み込む意識を持つことで正しく情報をつかむ

読解問題に苦手意識を持っている人は、自分の理解できるスピードよりも速く視線を動かしてしまっていることが多いです。一旦スピードを落として確実に読み取る練習をしてから、スピードを上げてみましょう。**時間が限られているからと焦って読み飛ばすこと、浅く何度も読むことはやめましょう**。間違いの原因になります。

また、文章内に知らない語句が多いときも間違えやすくなります。語彙力を鍛えていきましょう。

◉各段落をカテゴリ分けするように読み進める

各段落の役割を意識すると、要点が明確になります。〈話題・疑問の提示〉〈具体例の紹介〉〈エピソード〉〈例え話〉〈一般論〉〈筆者の意見〉〈批判〉〈根拠・理由〉〈改善策〉〈まとめ・結論〉などに分類していくように読んで、重要だと思われる一文や語句に印をつける練習をしていきましょう。特に**〈一般論〉と〈筆者の意見〉を区別して読むことが重要**です。優先すべきは〈一般論〉ではなく〈筆者の意見〉になります。

また、読みやすくて意味がつかみやすい〈例〉や〈エピソード〉そのものではなく、例やエピソードを出して伝えたい〈主題〉は何かをしっかりつかみましょう。

これらを意識して〈主題〉と〈筆者の意見・まとめ・結論〉を明確

にします。このように情報を整理する力をつけておくと入社後にも役立ちます。

◉共通点／対比・相違点に注目する

いくつかの段落で、〈比喩〉〈エピソード〉〈事例〉が書かれている場合、もしくは何かしらの**共通点**がある場合、それらが〈主題〉と〈要点〉を結びつけるポイントです。また、重要な内容を別の言い回しで**繰り返し**ていることもありますので、見逃さないようにしましょう。

一方、何かと比較しながら話を展開していく場合には、その違いに注目しましょう。よい例と悪い例を述べているときも同様です。**正反対になっている部分がポイント**になります。

要旨把握問題を解くときのポイントは次の通りです。

◉〈主題〉と〈筆者の意見・まとめ・結論〉が一致しているものを選ぶ

設問の仕方は数種類ありますが、以下の場合の考え方は同じです。

- **次の文章を読み、内容と合致するものを選べ。**
- **次の文章を読み、筆者の主張と合致するものを選べ。**
- **筆者の主張と合うものとして最も適切なものはどれか。**
- **次の内容と合致するものはどれか。**
- **次の文章の要旨として、最も適切なものを選べ。**
- **本文を読んで、その趣旨が最もよく表れているものを選べ。**

注意点は、一般論や世間の常識、また自分の意見に引っ張られないようにすることです。筆者の価値観・考え方に注目しましょう。

◉〈根拠・理由〉〈解釈・具体的な説明〉を答える設問の場合

本文中から一部を抜粋し、その根拠や理由について問われることもあります。

- **なぜ筆者は「(本文中から抜粋)」と言っているのか。最も適切なものを選べ。**

主題に関する部分ですので、「〈主題〉と〈筆者の意見・まとめ・結論〉

が一致しているものを選ぶ」ときの解き方と大きく変わるわけではありません。ただ、複数の根拠・理由がある場合にその一部しか書かれていないものを選んでしまうことのないように注意しましょう。

数は多くありませんが、〈解釈・具体的な説明〉を尋ねる設問のときもあります。

・**「(本文中から抜粋)」とはどういうことか。本文を読んで最も適切なものを選べ。**

この場合は、本文中に書かれた内容を、言い回しを変えたり、具体的な例に置き換えた選択肢となっていることが多いです。

価値観をつかんで一致するものを選ぶという意味では他の問い方と同じですが、正しい選択肢も本文中には使われていない表現で説明されていることがあるため、「文字を見る」というよりも「内容をつかむ」という意識が必要です。

以下、簡易的な例題を見てみましょう。

次の文章を読み、筆者の主張と合致するものを選べ。

中世の人間関係は、忠誠に基づいて成り立っていた。日本の武士が主君に忠義を尽くしたように、その忠誠を支えたものは精神であった。すなわち、互いの関係性は信頼という精神論的なものによって成り立っていたといえる。しかし、現代社会の人間関係を結びつけているものは信頼ではなく契約である。契約は、人は裏切るという前提のもとに成り立っている関係だということもできる。いずれにせよ、人間は互いに干渉し合って生きている存在である。そして、人間同士が共存していくためには、互いの関係性を保つためのルールが必要になるのである。

○ 1.　人間には互いの関係性を保つためのルールが必要だ。
○ 2.　人間関係は信頼が重要である。
○ 3.　中世は契約が不可欠である。
○ 4.　中世の人間関係の方が優れていた。
○ 5.　契約は裏切りを前提としている。

解答・解説

正解 1

ポイント
解答に迷ったときは、本文を改めて確認する。

課題文は、中世と現代の人間関係について考察している文章です。中世の人間関係は信頼という精神論的なものによって成り立っており、一方、現代は契約による人間関係が主であるということ、どちらにせよ人間関係の構築には関係性を保つためのルールが必要であるというのが筆者の主張です。

これより、**選択肢1**の内容が要旨であると判断できます。

◉不正解側の選択肢の特徴

①主題は合っているが、結論が筆者の考えと合っていない、②部分的な話となっている（全体の主題からずれている）、③一般論側のまとめとなっていて、筆者の意見ではない、④本文中の重要語句を複数使ってはいるが、内容としては変わってしまっている、⑤本文中の内容を繋ぎ合わせているが順序が逆。または重要度が入れ替わっている、⑥拡大解釈や決めつけが含まれている、が挙げられます。これらも加味して、選択肢を絞り込んでいくとよいでしょう。

なお、要旨把握問題は、**合致するものを複数選んで、過不足なくその選択肢の記号を示しているものを答える問題**の場合もあります。

◉A（旧）型とB（新）型の読解問題の違い

要旨把握問題のポイントは、**A（旧）型もB（新）型も共通**です。つまり、試験対策は同じで大丈夫ということです。

強いて言うならば、旧型が400～650字程度の文章が6題出されるのに対して、新型は550～800字程度が4題出されることが異なる点といえます。

❷言語対策/A(旧)型

空欄補充問題

▶空欄の前後の少ない情報で答えを選んでしまわないよう注意。
▶文脈を意識して空欄の語句を選択する。

空欄補充は、前のページの「要旨把握」のポイントを押さえたうえで、**文脈も意識**して答えましょう。文脈をつかむ意識がしっかりできているか、次の例題で確認してみましょう。

次の空欄①～③にあてはまる語句を選びなさい。

（　①　）に満ち溢れている現代では、子どもの貧困という事実を認識するのはたやすいことではない。しかし、特に教育の現場では、「貧困」は実際に深刻な問題のひとつである。給食費が払えない、修学旅行の費用が用意できない、必要な文具類が揃えられない。朝夕の食事すらまともに取ることのできない子どもは、大きな声をあげることなく、着実に増えつつある。原因として挙げられる、一人親家庭の増加や、正規と非正規の従業員の賃金格差問題などは、すぐに改善できるようなものではないが、（　②　）な解決に向けて国をあげて積極的に取り組んでもらうしかない。市民レベルでの取り組みとしては、子どもに食事を無償で提供する子ども食堂の各地域での展開や、不要な食料を集めて貧困にあえぐ家庭に配給するなどの草の根活動が活発化している。子どもが健やかに育たない社会に、私たちは明るい未来を見出すことはできない。だからこそ、誰かがやってくれるだろうという（　③　）な姿勢ではなく、一人ひとりが問題に向き合わなければならないのである。

①　○ 1.情報　○ 2.モノ　○ 3.愛情　○ 4.苦難
②　○ 1.一時的　○ 2.不可逆的　○ 3.刹那的　○ 4.抜本的
③　○ 1.日和見的　○ 2.楽観的　○ 3.後ろ向き　○ 4.排外的

解答・解説

正解 ①＝2 ②＝4 ③＝2

ポイント
文章全体に散らばっている情報との関連性もふまえて答える。

空欄の後に出てくる「満ち溢れている現代」という言葉から、①に当てはまる選択肢を絞り込むと、選択肢３の「愛情」は少し違和感を覚えます。その後読み進めると、文章の主旨でもある「子どもの貧困」というテーマが明らかになり、さらに「給食費が払えない、修学旅行の費用が用意できない、必要な文具類が揃えられない。朝夕の食事すらまともに取ることのできない子どもは、大きな声をあげることなく、着実に増えつつある」という一節までの**文脈を把握することにより、選択肢２「モノ」が妥当であることがわかります。**

②は、子どもの貧困という複雑な要因から生じる事象について、「国をあげて積極的に取り組んでもらう」という要旨より、選択肢４の「抜本的」が正しいことが導き出されます。

正答率が低くなるのは③です。カギとなるのは「誰かがやってくれるだろう」の部分であり、消極的なイメージから選択肢３の「後ろ向き」を選択してしまう人もいますが、**言葉の意味をきっちり理解できていれば正解に辿り着くことでしょう。**

空欄補充でミスしてしまう人は、空欄の前後の少ない情報で答えを選んでしまうケースが多いです。例えば文章中に「9 の次の数字は（　　）です」とあった場合、空欄に入る数字は「10」だとすぐに判断してしまう人は、このタイプの問題でミスをしがちです。文章全体を読んでみると前の段落に「3、6」とあり「9 の次の数字は（　　）です」となっていたら、答えは「10」ではなく「12」になります。

このように、**全体を読んでヒントとなる情報をピックアップして総合的に判断する**ようにしましょう。限られた時間の中で焦らず、必要な情報まで削ぎ落としてしまわないように読めば、正答につなげることができます。

❸言語対策/A(旧)型

並べ替え問題

▶全体よりもパーツのつながりを意識。
▶指示語や接続詞で選択肢を絞り込む。

５～６つのパーツに分解し順番を入れ替えた文章を、もとの構成の整った文章に戻す問題です。題材は説明文・論説文・評論文が多く、小説からは出題されていません。

苦手とする人も多いのですが、これらの問題にはいくつかのポイントがあり、意識して一定数練習すれば、正解率を格段に上げることが可能です。

◉パーツの中心となる語に注目

それぞれのパーツの中心となる語に注目します。いきなり全体像をつかもうとせずに、まずはつながるはずの「部品」と「部品」を見つけて小さなかたまりを見つけるところからはじめます。

◉最初の文の候補を見つける

最初の文の候補は見つけやすいのです。

パーツのはじめに接続詞があるもの、文中に指示語のあるものは最初にはきません。

一つに絞れない場合はどちらの可能性も置いておきながら、他の部分とのつながりを考えていくと最終的に一つに決まります。

◉「指示語」に注目する

「指示語」に注目しましょう。「それ」「この」「彼」などの指示語が使われたパーツの前に、その指示語の正体となる語句があるはずです。

◉「接続詞」に注目する

「接続詞」に注目しましょう。関係性がつかめるとその前後の配置が決まります。

（例）

〈そして・また・さらに〉前の続きの内容がこの後に続く
〈しかし・けれども・だが〉前とは逆・対照的な内容がこの後にくる
〈ただし〉この後に注意点がくる。この前には提案があることが多い
〈例えば〉ここから前の内容の具体例を挙げる
〈つまり〉ここまでの内容を別の表現で言い換え
〈したがって・このように・要するに〉ここまでの内容を総括

◉基本の型を意識する

一般的な論理展開の型を意識します。実際に出題される問題になっている文章構成はスタンダードなものです。例外的なものは出題されていませんので、基本の型を意識すると素早く判断できます。

（代表的な展開例）

〈事実〉→〈意見〉
〈概要〉→〈具体例〉→〈総括〉
〈意見〉→〈根拠〉
〈批判〉→〈根拠〉→〈改善策〉
〈身近・基本的・初歩的な内容〉→〈発展・応用的・拡大した内容〉

選択肢を見れば、ある場所のパーツが2～3つまでに絞れることもあります。

ただし、模試の裏技のように言われることのある「選択肢だけを見て最も確率の高いものが正解」という方法は通用しません。そのように見せかけた不正解の選択肢があります。正攻法でいくべきです。

（例）

①A→B→C→D→E　④C→D→E→A→B
②A→D→C→E→B　⑤C→B→E→A→D
③A→D→E→C→B　→**選択肢のみで③を選ぶのはNGです！**

少しシンプルにした次の例題で解き方を確認してみましょう。まずは、自分で順番を考えて並べ替えてみてください。

次のA～Fを意味が通るように並べ替えたものとして妥当なものはどれか。

A これは、「畑の肉」と言われることがあります。

B 良質なタンパク質が豊富だからです。

C さらに、記憶力を高めるレシチンも近年注目されています。大豆の栄養価の高さを見直し、積極的に食事に取り入れたいものです。

D また、食物繊維も多く、便秘予防にも効果的です。動脈硬化やがんを予防するといわれているサポニンや、更年期障害を予防するイソフラボンも含んでいます。

E 日本人の食生活に欠かせない醤油・味噌・豆腐。原料は大豆です。

F タンパク質の他にも、脂質やビタミンB群、ビタミンE、ミネラル類を多く含んでいます。

○ 1. F→A→B→E→D→C
○ 2. E→A→B→F→D→C
○ 3. E→B→A→D→C→F
○ 4. B→A→E→F→C→D
○ 5. B→E→A→C→D→F

解答・解説

ポイント

正解 2

接続詞と指示語に注目する。

A～Fのパーツをそれぞれの関係性も含めて検証してみましょう。

A 「これは」と指示語があります。**この内容が明確になるパーツがこの前にあるはずです**。他のパーツを探してみると「これ」＝「大豆」と目星をつけることができ、この段階で「E→A」の順が確定します。

B 「だからです」とあり［理由］だとわかります。**この前にその［結果］となる内容があるはず**です。「良質なタンパク質が豊富であるために何？」と考え、この前のパーツの予測を立てます。

C 「さらに」があることで、**この前にも栄養素についての具体的な話があることが予想できます**。また、後半に「大豆の栄養価の高さ」とこれまでの総括となる表現があることと、「取り入れたいものです」という［意見］があることから、このパーツは最後にあるのが自然です。

D 栄養素についての具体的な説明のパーツです。**「また」とあるのでこの前にも栄養素の話があるはず**です。

E このパーツから「大豆」の話をしているとわかります。**文章全体の話題を示すパーツとなるので最初にある確率が高い**です。

F **「タンパク質の他にも」に注目**します。「タンパク質」の話はBにもありました。B→Fときて、栄養素つながりでDにつながっていくことが予想できます。

よって、**E→A→B→F→D→Cという順(選択肢2)が確定**します。

解答・解説

文章全体をそれぞれのパーツのつながりで見てみましょう。

E　日本人の食生活に欠かせない醤油・味噌・豆腐。原料は大豆です。

EとAがつながる

A　これは、「畑の肉」と言われることがあります。

AとBがつながる

B　良質なタンパク質が豊富だからです。

BとFがつながる

F　タンパク質の他にも、脂質やビタミンB群、ビタミンE、ミネラル類を多く含んでいます。**〈栄養素の話〉**

FとDとCが栄養素のさらに細かい説明でつながる。まとめがあるのでその中でもCが最後

D　また、食物繊維も多く、便秘予防にも効果的です。動脈硬化やがんを予防するといわれているサポニンや、更年期障害を予防するイソフラボンも含んでいます。**〈栄養素の話の続き〉**

C　さらに、記憶力を高めるレシチンも近年注目されています。大豆の栄養価の高さを見直し、積極的に食事に取り入れたいものです。

〈栄養素の話の続き〉
＋〈まとめ・意見〉

❹言語対策/B(新)型

同義語・対義語問題

▶ 同義語は、同じ漢字が入っているものを安易に選ばない。
▶ ２字とも別の漢字であっても同義語となるケースがある。

この試験問題では絶妙な選択肢で惑わされる人が多いようです。ペアを知っておけば、即答できます。

同義語は、同じ漢字が入っているものを安易に選ばないこと。2字とも別の漢字であっても同義語となるものが数多くあります。

次ページからは出題されやすい同義語・対義語をまとめておきますので参考にしてください。見るだけよりも、自分で字を一度書く方が記憶に残ります。

ビジネスにおいて、語彙力が豊富であることは自分の魅力の一つとなります。また、論理的に話を進める際に同義語・対義語は役立ちます。

以下、例題を見てみましょう。

同義語として妥当なものを選びなさい。

「自重」

○ 1.　自立　○ 2.　自尊　○ 3.　自適　○ 4.　自制

問われている「自重（じちょう）」は、「**自分で自分の発言や行動を慎むこと**」を意味します。

選択肢を検証してみます。選択肢１「自立（じりつ）」は「他に依存することなく独り立ちすること」。選択肢２「自尊（じそん）」は「自分を大切にして品位を保つこと」。選択肢３「 自適（じてき）」は「自分の思うがまま楽しむこと」。選択肢４「自制（じせい）」は「**自分の欲望や感情を抑えること**」。よって、**選択肢４**が正解です。

確認しておきたい同義語

安価（あんか）	＝	廉価（れんか）
暗示（あんじ）	＝	示唆（しさ）
遺憾（いかん）	＝	残念（ざんねん）
異議（いぎ）	＝	異論（いろん）、異存（いぞん）
委細（いさい）	＝	詳細（しょうさい）
一生（いっしょう）	＝	終生（しゅうせい）
意図（いと）	＝	計画（けいかく）、企画（きかく）
依頼（いらい）	＝	委嘱（いしょく）、委託（いたく）
英姿（えいし）	＝	雄姿（ゆうし）
栄養（えいよう）	＝	滋養（じよう）
横領（おうりょう）	＝	着服（ちゃくふく）
解雇（かいこ）	＝	罷免（ひめん）
架空（かくう）	＝	虚構（きょこう）、仮構（かこう）
環境（かんきょう）	＝	境遇（きょうぐう）
感心（かんしん）	＝	敬服（けいふく）
肝心（かんじん）	＝	肝要（かんよう）
危篤（きとく）	＝	重体（じゅうたい）
寄与（きよ）	＝	貢献（こうけん）
屈指（くっし）	＝	有数（ゆうすう）
継承（けいしょう）	＝	踏襲（とうしゅう）
稀有（けう）	＝	希少（きしょう）
見解（けんかい）	＝	意見（いけん）
細心（さいしん）	＝	綿密（めんみつ）
思案（しあん）	＝	考慮（こうりょ）
施行（しこう）	＝	実施（じっし）
手腕（しゅわん）	＝	技能（ぎのう）、技量（ぎりょう）
辛酸（しんさん）	＝	辛苦（しんく）
精通（せいつう）	＝	熟知（じゅくち）、知悉（ちしつ）
繊細（せんさい）	＝	微妙（びみょう）
束縛（そくばく）	＝	制約（せいやく）

大意（たいい）	＝	概要（がいよう）
大胆（だいたん）	＝	豪放（ごうほう）
端緒（たんしょ）	＝	発端（ほったん）
断念（だんねん）	＝	観念（かんねん） 諦念（ていねん）
着実（ちゃくじつ）	＝	堅実（けんじつ）
沈着（ちんちゃく）	＝	冷静（れいせい）
提案（ていあん）	＝	発案（はつあん）、発議（はつぎ）
体裁（ていさい）	＝	体面（たいめん）
丁寧（ていねい）	＝	慇懃（いんぎん）
踏襲（とうしゅう）	＝	継承（けいしょう）
統制（とうせい）	＝	統率（とうそつ） 統御（とうぎょ）
納得（なっとく）	＝	了解（りょうかい） 得心（とくしん）
変遷（へんせん）	＝	沿革（えんかく）
無口（むくち）	＝	寡黙（かもく）
名案（めいあん）	＝	妙案（みょうあん）
名作（めいさく）	＝	傑作（けっさく）、白眉（はくび）
揶揄（やゆ）	＝	愚弄（ぐろう）
由緒（ゆいしょ）	＝	来歴（らいれき）、由来（ゆらい）
悠長（ゆうちょう）	＝	鷹揚（おうよう）
憂慮（ゆうりょ）	＝	不安（ふあん）
優劣（ゆうれつ）	＝	長短（ちょうたん）
余韻（よいん）	＝	余情（よじょう）
様式（ようしき）	＝	形態（けいたい）
余命（よめい）	＝	余生（よせい）
立身（りっしん）	＝	出世（しゅっせ） 栄達（えいたつ）
裏面（りめん）	＝	内幕（うちまく）
理由（りゆう）	＝	事情（じじょう）、動機（どうき） 原因（げんいん）
流浪（るろう）	＝	放浪（ほうろう）
狼狽（ろうばい）	＝	周章（しゅうしょう）
和解（わかい）	＝	妥協（だきょう）

確認しておきたい対義語

安堵（あんど）	⇔	懸念（けねん）・危惧（きぐ）
異端（いたん）	⇔	正統（せいとう）
移動（いどう）	⇔	定着（ていちゃく）
演繹（えんえき）	⇔	帰納（きのう）
横柄（おうへい）	⇔	謙虚（けんきょ）
歓喜（かんき）	⇔	悲哀（ひあい）
閑散（かんさん）	⇔	繁忙（はんぼう）
乾燥（かんそう）	⇔	湿潤（しつじゅん）
貫徹（かんてつ）	⇔	挫折（ざせつ）
陥没（かんぼつ）	⇔	隆起（りゅうき）
緩慢（かんまん）	⇔	敏速（びんそく）
完訳（かんやく）	⇔	抄訳（しょうやく）
寛容（かんよう）	⇔	狭量（きょうりょう）
起工（きこう）	⇔	竣工（しゅんこう）
却下（きゃっか）	⇔	受理（じゅり）
建設（けんせつ）	⇔	破壊（はかい）
原則（げんそく）	⇔	例外（れいがい）
高尚（こうしょう）	⇔	低俗（ていぞく）
固定（こてい）	⇔	流動（りゅうどう）
根幹（こんかん）	⇔	枝葉（えだは/しよう）
混沌（こんとん）	⇔	秩序（ちつじょ）
困難（こんなん）	⇔	容易（ようい）
債務（さいむ）	⇔	債権（さいけん）
雑然（ざつぜん）	⇔	整然（せいぜん）
暫時（ざんじ）	⇔	恒久（こうきゅう）
斬新（ざんしん）	⇔	陳腐（ちんぷ）
実践（じっせん）	⇔	理論（りろん）
質素（しっそ）	⇔	贅沢（ぜいたく）
支配（しはい）	⇔	従属（じゅうぞく）
諮問（しもん）	⇔	答申（とうしん）

邪道（じゃどう）	⇔	正道（せいどう）
集合（しゅうごう）	⇔	離散（りさん）
収縮（しゅうしゅく）	⇔	膨張（ぼうちょう）
消極（しょうきょく）	⇔	積極（せっきょく）
悄然（しょうぜん）	⇔	昂然（こうぜん）
消費（しょうひ）	⇔	生産（せいさん）
自立（じりつ）	⇔	依存（いそん／いぞん）
深遠（しんえん）	⇔	浅薄（せんぱく）
誠実（せいじつ）	⇔	不実（ふじつ）
粗野（そや）	⇔	優雅（ゆうが）
道理（どうり）	⇔	無理（むり）
内憂（ないゆう）	⇔	外患（がいかん）
難解（なんかい）	⇔	平易（へいい）
能弁（のうべん）	⇔	訥弁（とつべん）
莫大（ばくだい）	⇔	僅少（きんしょう）
煩雑（はんざつ）	⇔	簡易（かんい）
悲観（ひかん）	⇔	楽観（らっかん）
貧弱（ひんじゃく）	⇔	豊富（ほうふ）
傍観（ぼうかん）	⇔	介入（かいにゅう）
暴騰（ぼうとう）	⇔	暴落（ぼうらく）
放任（ほうにん）	⇔	干渉（かんしょう） 統制（とうせい）
未知（みち）	⇔	既知（きち）
綿密（めんみつ）	⇔	杜撰（ずさん）、粗雑（そざつ）
目的（もくてき）	⇔	手段（しゅだん）
黙秘（もくひ）	⇔	供述（きょうじゅつ）
優遇（ゆうぐう）	⇔	冷遇（れいぐう）
悠長（ゆうちょう）	⇔	性急（せいきゅう）
幼稚（ようち）	⇔	老練（ろうれん）
抑圧（よくあつ）	⇔	推進（すいしん）
楽天（らくてん）	⇔	厭世（えんせい）
理性（りせい）	⇔	感情（かんじょう） 感性（かんせい）

❺言語対策/B(新)型

ことわざ・四字熟語・慣用句問題

▶ことわざ、四字熟語、慣用句には広まってしまっている誤用、勘違いも多いため、慎重に選択肢の意味を確認すること。

ことわざ・四字熟語・慣用句・故事成語などから、語句の意味を問われます。まずは、幅広く触れていくことから始めましょう。

漢字を問われることはないので、**読めてその正しい意味が選択できればOK**です。ただし、広まってしまっている誤用、勘違いに注意し、意味を確認しましょう。次の例題で正解を確認してみましょう。

次の語句の意味として最も適切なものを選びなさい。

①破天荒

○ 1.　強引な決断　○ 2.　前代未聞の成功

○ 3.　傍若無人な態度　○ 4.　非常識な言動

②姑息

○ 1.　その場しのぎの方法　○ 2.　意地悪な方法

○ 3.　卑怯な方法　○ 4.　使い古された方法

③うがった見方

○ 1.　一部分だけで判断する見方　○ 2.　大雑把にまとめる見方

○ 3.　疑ってかかるような見方　○ 4.　本質を捉えるような見方

④口を糊（のり）する

○ 1.　おしゃべりであること　○ 2.　経済的にぎりぎりであること

○ 3.　秘密を守ること　○ 4.　無口な性格であること

解答・解説

正解 ①＝2 ②＝1 ③＝4 ④＝2

ポイント
一般的に知られている意味が誤用の場合もあり、正しいとは限らない！

◇例題①

「破天荒（はてんこう）」は、**選択肢2の「前代未聞の成功」**が正しい意味になります。一般的にイメージされるような「豪快、大胆」といった印象は、正しくありません。

◇例題②

「姑息（こそく）」は、**選択肢1の「その場しのぎの方法」**が正しい意味になります。

◇例題③

「うがった見方」は、**選択肢4の「本質を捉えるような見方」**が正しい意味になります。

◇例題④

「口を糊（のり）する」は、**選択肢2の「経済的にぎりぎりであること」**が正しい意味になります。糊は粥（かゆ）を意味し、粥をすするような貧しさということになります。

これらの言葉は、比較的間違った意味が広まってしまっているものです。これを機に正しく理解しておきましょう。

語句は知っているか知らないかで決まります。知っていれば1秒で判断できます。本番の試験までに少しでも多くの語句とその意味に出会っておくことが大切です。

このテキストの他、サイトやアプリなども利用してすき間時間を有効活用しましょう。語句の問題を素早く処理できれば、読解問題の方で余裕をもって考えることができます。

❻計数対策/A(旧)型

図形問題1(立方体の展開図)

▶ 展開図の中で最小の角(正六面体では90°)をつくる外側の2辺どうしは、立体では重なり合う辺(接している辺)。

図形問題を代表する展開図は、立方体を平面にした図です。特徴としては、**❶ 展開図の中で最小の角(正六面体では90°)をつくる外側の2辺どうしは、立体では重なり合う辺(接している辺)になります。**❷ ❶で重なり合った辺の隣の辺どうしも立体では重なり合います。ただし、2つの面が共有する辺は1組しかありません。❸ さらに❷は繰り返します。

図のような立方体の展開図として正しいものはどれか。

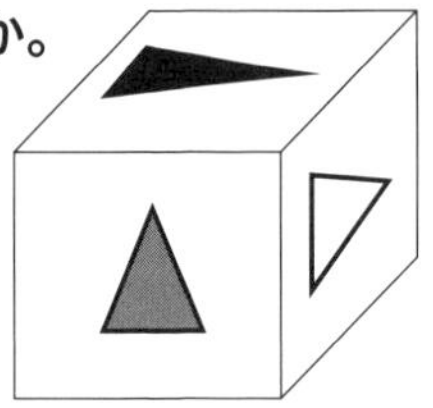

○ 1.

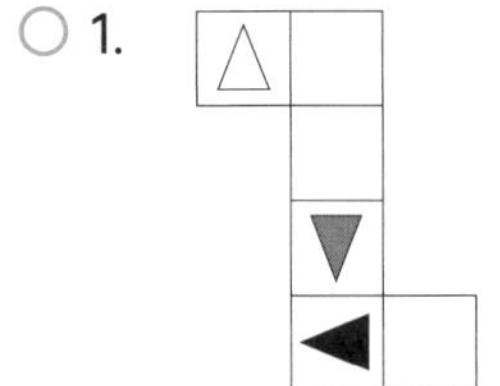

○ 2.

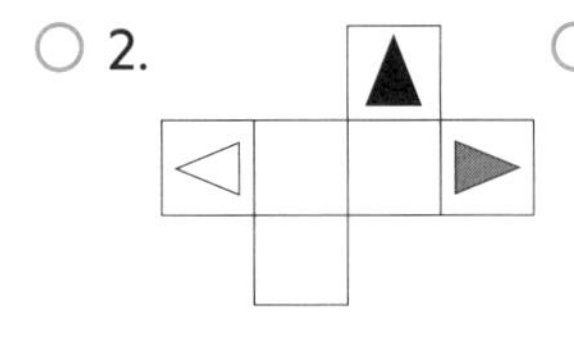

○ 3.

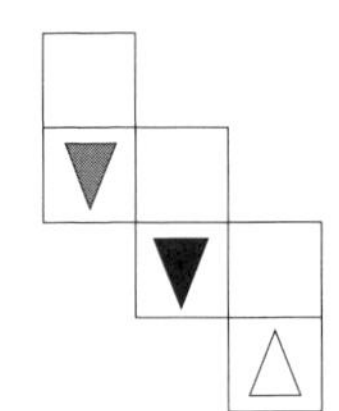

○ 4.

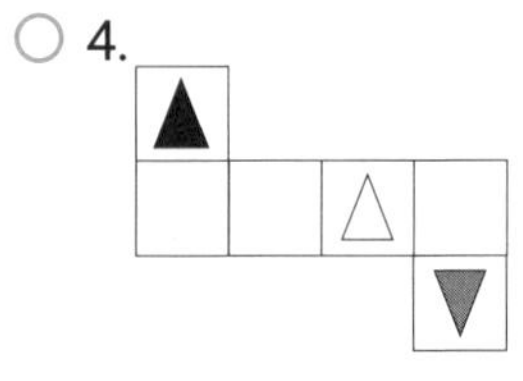

○ 5.

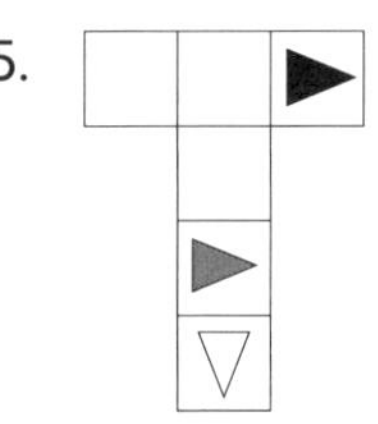

解答・解説

正解	3

ポイント

立体の展開図は、変形させることが可能である。

「立方体の展開図」の問題です。立方体の展開図は、変形させることが可能です。しかし、実際に変形しなくとも、**立方体と展開図の関係がつかめれば正解の図はすぐに選び出すことができます**ので、この関係を使いこなせるようにしていきましょう。

◆手順１　注目する図形を決める

例えば黒い二等辺三角形の縦長の上部を上としておきます。立体では〈黒の上〉と〈白の左〉が隣どうしで並んでいます。〈白の下〉と〈灰の右〉、〈灰の上〉と〈黒の右〉も隣どうしで並んでいて、これらは時計回りに配置されています。

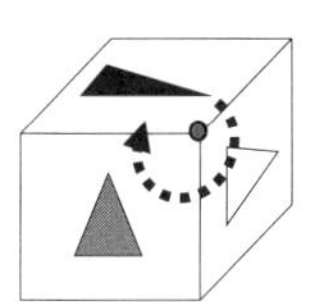

◆手順２　立体と展開図の関係

各選択肢に46ページで説明した重なり合う辺をそれぞれ線で結んでみます（下図）。選択肢１は〈黒の上〉、選択肢2、選択肢4、選択肢5は〈黒の右〉が立体と異なっていますので正しい展開図ではありません。選択肢３は〈黒の上〉と〈白の左〉、〈黒の右〉と〈灰の上〉が①の線で結ばれています。**線で結ばれたところは立体のときに接していた辺**です。また、〈白の下〉と〈灰の右〉が②の線で結ばれています。さらに、〈白の右〉は③の線で何もない正方形と結ばれています。

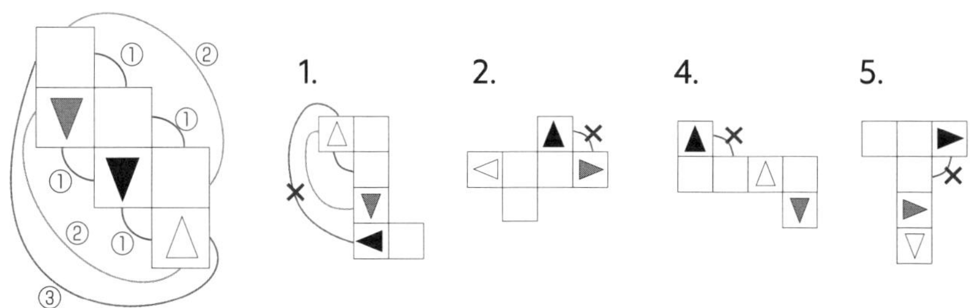

❼計数対策/A(旧)型

図形問題2(位相図)

▶ 多面体の問題は、平面に置き換えて考えてみる。
▶ 立体の点や辺のつながりを変えないように変形させる位相図で解く。

サイコロの問題では、**見えない面もできるだけ表せるような「位相図」**(5面を一度に表せるので五面図と呼ぶこともあります)を利用するのが手順です。以下、例題を見ていきましょう。

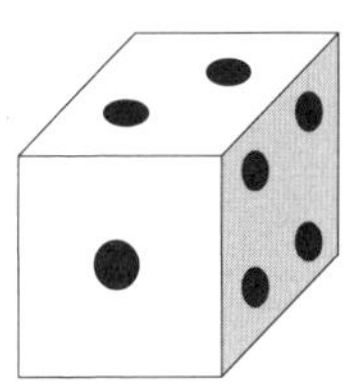

図のようなサイコロがあり、向かい合った面の目の和は7である。このサイコロをいろいろ回転させて図のように3つの面が見えるように持つとき、見える目の和としてあり得ないものはア~オのうちいくつあるか。

ア:6、イ:8、ウ:11、エ:13、オ:15

○ 1.　0個
○ 2.　1個
○ 3.　2個
○ 4.　3個
○ 5.　4個

解答・解説

ポイント

目の配置を確認するときは基準を決めて、時計回り（反時計回り）の見方をすると意外に簡単に解ける。

サイコロと位相図の問題です。位相図は立体の点や辺のつながりを変えないように変形させる方法で、正四面体などにも利用できます。

◆手順１　位相図に表す

問題の図にあるサイコロは対面（平行な面）の和が7なので、**1の対面が6、2の対面が5、4の対面が3**となります。この状態を位相図に表しておきます。

なお、上面２の対面５はどこにおいてもよいので、検討しやすいように適宜変形するとよいです。

図Ⅰ

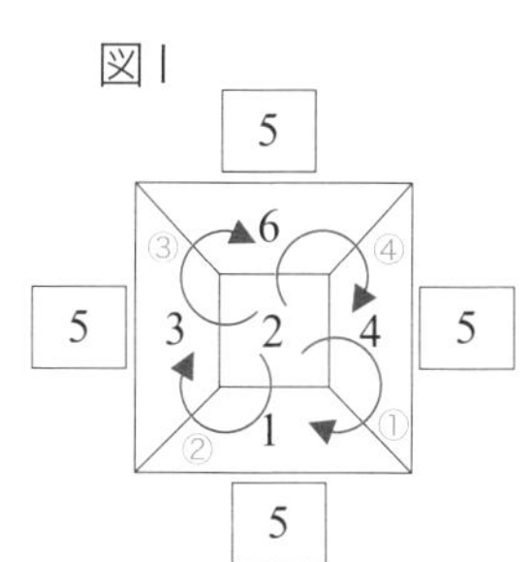

◆手順２　目の配置を確認する

問題の図から位相図にしたものが図Ⅰで、２の面に接する２面（右と下）の目を加えれば2＋4＋1＝7となります（①）。同様に、②では2＋1＋3＝6、③では2＋3＋6＝11、④では2＋6＋4＝12となります。

図Ⅱは位相図の中心を５にしたものです。**目の配置が２の目を中心としたときの逆回りになることに注意**してください。**５を中心とした位相図でも３面の和をつくっていく**と、⑤では5＋3＋1＝9、⑥では5＋1＋4＝10、⑦では5＋4＋6＝15、⑧では5＋6＋3＝14となります。

図Ⅱ

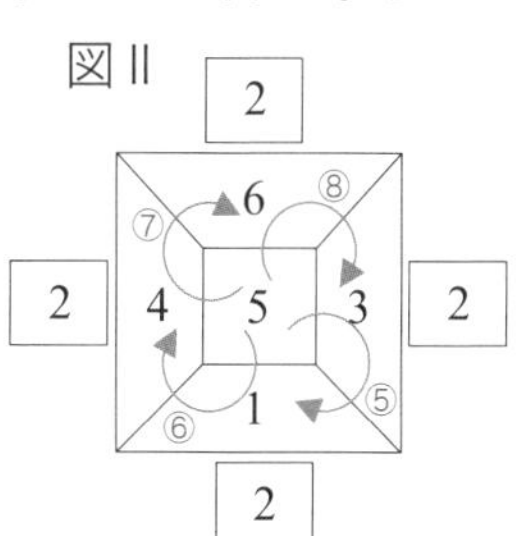

以上より、３つの面の和は{6、7、9、10、11、12、14、15}となるので、**あり得ないのは{8、13}の２個（選択肢３）**となります。

❽計数対策／A（旧）型

図形問題3（投影図）

▶ 条件に挙げられた投影図を辺の長さに注目しながら立体にする。
▶ 選択肢で明らかに異なるものを除いていく。

投影図は、もともとは光を当てたときにできる影の形を表したものですが、実際には光を当てる方向から見える形を表しています。この問題は、**空間図形の構成を判断する力**が問われます。以下、例題を見ていきましょう。

3辺の長さが2、1、1の合同な直方体を3つつなぎ合わせて1つの立体とし、それを前、後、右、左から見たとき下図のようであった。この立体を下から見た図として正しいものは次のうちどれか。

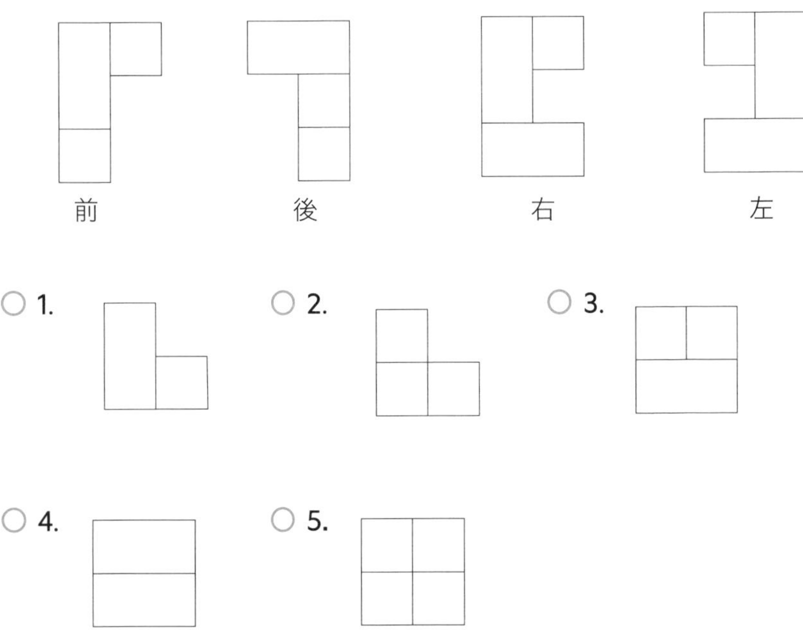

解答・解説

ポイント

投影図を立体にし、全体を建物として捉えて考える。

「投影図」の問題です。投影図は、立体に光を当てる方向によって、**立面図（真正面から）**、**平面図（真上から）**、**側面図（真横から）**と呼んでいます。

◆手順１　投影図から見取図をイメージする

投影図は立体を平面的に表した図なので、これを立体にする必要があります。この立体が見取図です。

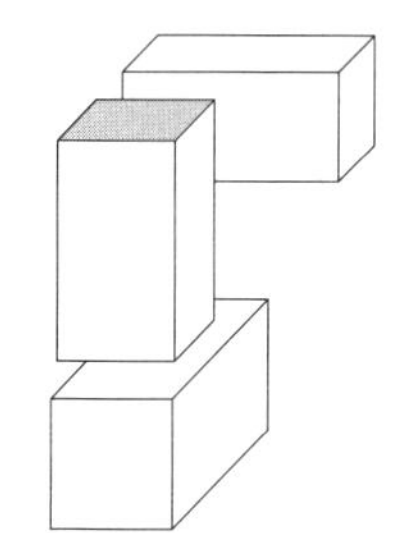

条件より、**辺の長さが2、1、1の合同な直方体3つからできている**のでイメージしやすくするために並べてみます。全体を3階建ての建物として考えるとよいでしょう。

◆手順２　見取図から、下から見た図をつくる

1階は正面から見て正方形なので直方体は奥に向かい、正面2〜3階は縦置き、3階の奥は横置きでくっついている状態と考えられます。これを左・右・前から確認してできたのが下の右図です。これを**下から見た図は選択肢1**になります。

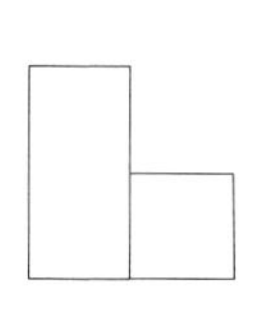

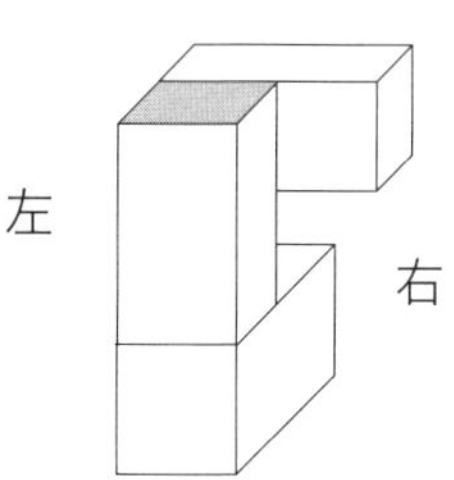

前

❾計数対策/A(旧)型

図形問題4(積み木)

▶ 各段をスライスして、それぞれ分けて検討するのが基本。
▶ 平面図に○や×、個数などを記入していく。

積み木の問題も、**空間図形の分割・構成**が問われます。以下、例題を見ていきましょう。

透明な立方体の箱27個を図1のように重ねた。いくつかの箱の中に玉を入れ、図1のように真上、正面、真横から見ると図2のように見えた。このとき、玉の入っている箱の数は何個以上何個以下と考えられるか。

図1

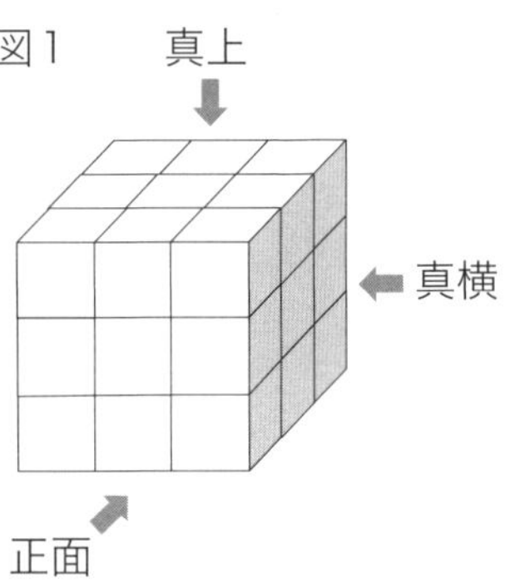

図2

真上

○	○	○
○	○	
○		

正面

○		
○	○	
○	○	○

真横

		○
	○	○
○	○	○

○ 1.　6～10 個
○ 2.　6～11 個
○ 3.　7～11 個
○ 4.　7～12 個
○ 5.　8～12 個

ポイント
積み木の問題では図形をスライスして１段ずつ検討する。

「積み木」の問題です。「積み木」では、各段をスライスして上段、中段、下段のように分けて検討します。**１段ずつ分けることで、見えない裏側がイメージしやすくなります。**そのとき平面図に〇や×、個数などを記入していくとよいでしょう。

◆手順１　スライスして各段に記入

真上から見て玉が入っていない箱３カ所に×を記入します。正面から見た場合も同様に記入します（矢印①～③)。真横から見た場合も同様です（矢印④～⑥)。

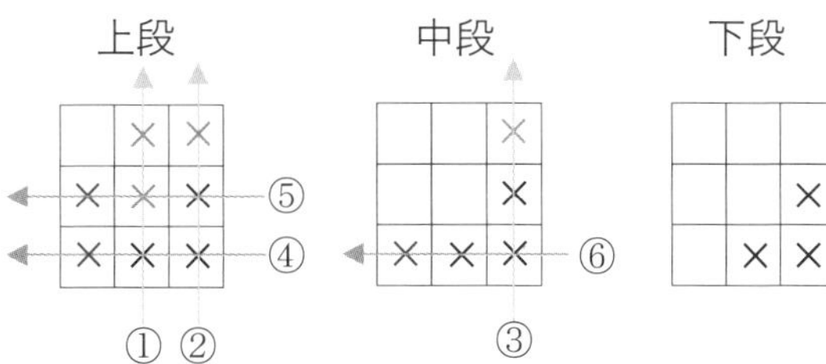

◆手順２　玉が入っている個数を数える

手順１で玉の入っていない箱に×を記入したので、残りに玉が入る可能性があります。上段で１個、中段で４個、下段で６個の合計11個が、最も多く玉が入る場合です。

最後に最も玉が少ない場合を検討します。**真上から見たとき（正面や真横も同様）６個の玉があるので、これが最少個数と予想できます。**例えば下図のように上段で◎１個、中段で◎２個、下段で◎３個を入れると、真上、正面、真横のいずれから見た図と矛盾なくおさまっています。

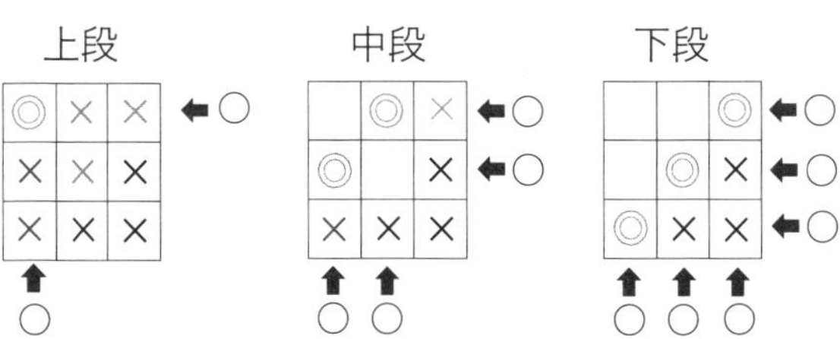

⑩計数対策/A(旧)型

図形問題5(ジグソーパズル)

▶特徴ある部分を見つけてそこから組み上げていく。
▶パズルの問題は時間配分に注意する。

平面図形の構成が問われるジグソーパズルの問題は、**設問で指示されたパーツを組み合わせて大きな図形をつくる問題**などになります。以下、例題を見ていきましょう。

次の図Iは、辺の長さが1、2の長方形3枚を組み合わせた図形で、この図形をすき間なく敷き詰めて大きい正方形をつくるには、図Iの紙片は最低何枚必要か。

図I

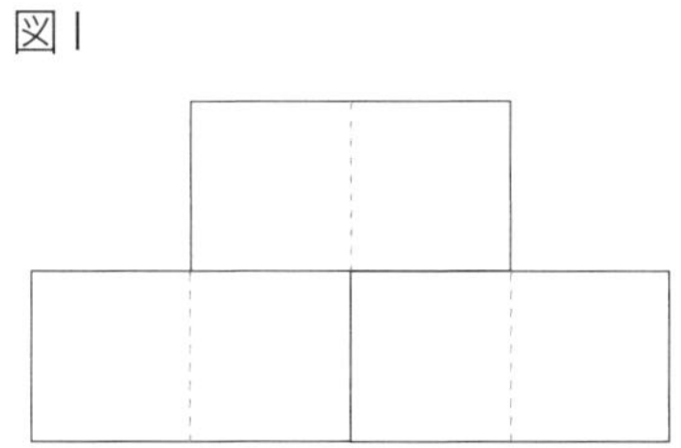

○ 1.　18枚
○ 2.　24枚
○ 3.　32枚
○ 4.　40枚
○ 5.　48枚

解答・解説

正解　2

ポイント
枚数が少なくてすむ場合は比較的埋めやすいが、枚数が多くなるとかなり試行錯誤を要することになる。

「ジグソーパズル」の問題です。ここでは小さい紙片から大きな図形をつくり上げていく、いわゆるジグソーパズルのような問題を扱います。このような問題を解くには、特徴ある部分を見つけてそこから組み上げるとやりやすいです。例として、**凹凸のあるもの、長いもの、S字型、イス型**などです。

◆手順1　図形を組み合わせて長方形にする

図II

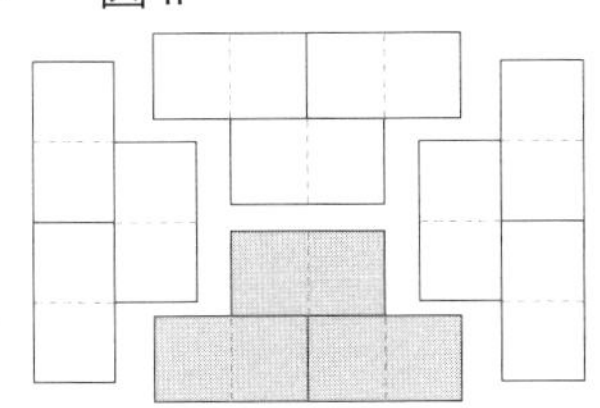

図Iは凸凹しているので、これを敷き詰めていきなり大きい正方形にするのはかなり大変でしょう。

そこで、**図Iから長方形がつくれないかを考えます。**長方形を組み合わせて正方形にするのは簡単にできそうです。

図Iを何枚か並べて、凸凹部分をうまく組み合わせるように試行錯誤すると、例えば図IIのような配置で長方形になりそうです。

◆手順2　長方形から正方形に組み上げる

図IIのように組み合わせると、縦4、横6の長方形となりますから、この長方形を縦方向と横方向に何枚並べれば正方形になるかを考えます。**長方形を縦方向に3つ、横方向に2つ並べると、辺の長さが縦、横12の正方形**となります。

図III

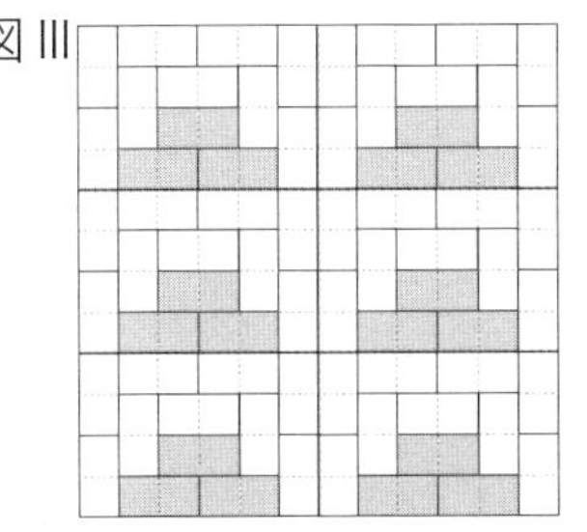

最後に、図Iの紙片の枚数を数えます。図IIIの正方形をつくるのに図IIの長方形は3×2＝6枚必要で、図IIの長方形をつくるのに図Iは4枚必要なので、**合計で6×4＝24枚**となります。

⓫計数対策/A(旧)型

図形問題6(折り紙)

▶ 折り目に対して線対称に図形が移っていくことを確認し、プロセスを逆にたどっていく。

折り紙の問題は、設問で示された**折り紙の最終形を開いたときの形が問われます。**選択肢の違いを理解し、明らかに異なる選択肢は除いていきましょう。以下、例題を見ていきます。

下の図のように正方形の紙片を2回三つ折りにする。その後、色付きの部分を切り取ったとき、切り取った後の紙をもとのように広げた図形として正しいものはどれか。

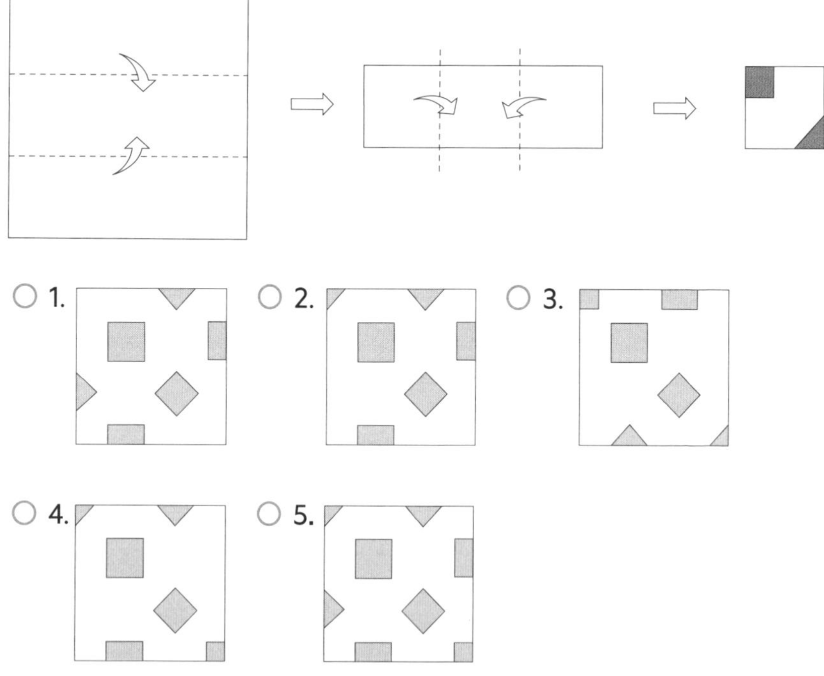

解答・解説

ポイント
線対称に図形がどのように移ったかを確認する。

「折り紙」の問題です。折り紙は、折り目（対称軸）で折り返すことで対称に図形が移っていきます。

ここで対称に移るとは、折り目を挟んで正反対に等距離だけ移動することです。選択肢を絞るときは、**図形のポイントとなる箇所、紛らわしい箇所について、正反対・等距離に移っているかをチェック**します。

◆手順1　折りたたんだ図形をもとの正方形に記入する

もとの正方形に2回3つ折りした後の小正方形を記入すると、①のように中央部分となるので、そこに切り取る部分の色を付けます。つぎに、①の小正方形を左右に広げると、②の長方形となります。ここで、切り取る三角形と四角形を対称移動させて記入します。

図Ⅰ

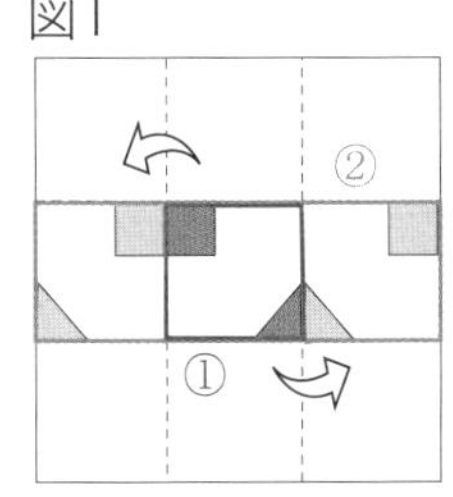

選択肢をチェックすると、選択肢3と選択肢4は右辺中央部分に四角形がありません。選択肢2は左辺中央部分に三角形がないので誤りです。よって、**正しい図形は選択肢1か選択肢5であることがわかります。**

◆手順2　選択肢の違いに注目する

残る選択肢1と選択肢5の違いは右下隅、左上隅です。手順1でつくった長方形②を上方と下方に対称移動し③とすると、**右下隅に四角形が、左上隅に三角形があるので、選択肢5が正解**とわかります。

図Ⅱ

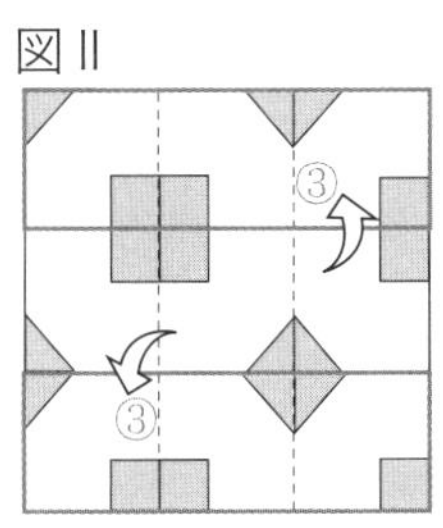

⑫計数対策/A(旧)型

推理問題1(位置関係)

▶位置・配置が条件に挙げられているときは完成予想図をイメージする。
▶条件を記号化して整理していく。

位置関係の問題は、複数の条件が提示され、そこから**特定の位置にある人や店、部屋などを確定**していくという問題です。以下、例題を見てみましょう。

住所を頼りに安藤君のアパートを訪ねたが、このアパートには1号室から6号室までの6部屋あり、表札がないため安藤君の部屋がわからなかった。そこで管理人室に行って尋ねると、管理人さんは「井上さんと宇野さんは部屋番号が2つ違いますね。江口さんと岡崎さんの部屋番号を足すと7になりますよ。1号室はいまだれも住んでいません」と答えた。安藤君は何号室に住んでいるか。

○ 1.　2号室
○ 2.　3号室
○ 3.　4号室
○ 4.　5号室
○ 5.　6号室

解答・解説

正解	2

ポイント

一つにまとめるときは、登場回数の多い人、条件が多い人を中心にする。

「位置関係/部屋の配置」の問題です。条件文を一読して何をきかれているのかを考えます。本問のように「位置・配置」が条件に挙げられているときは、まず**完成予想図をイメージして、条件をうまく使って完成図に近づけていく**ようにします。

◆手順１　記号化して条件をチェック

ア：井上〜宇野＝２⇒（１と３）（２と４）（３と５）（４と６）のいずれかの組み合わせ

イ：江口＋岡崎＝７⇒（１と６）①（２と５）②（３と４）のいずれかの組み合わせ

ウ：１号室は空室

完成形のイメージ

１号室 空	２号室	３号室	４号室	５号室	６号室

◆手順２　一つにまとめる

ウの条件から１号室は空室なので、アより「井上と宇野」の部屋番号は（１と３）以外となり、イより「江口と岡崎」の部屋番号は（１と６）以外となります。これを完成形の図に当てはめていきます。イの条件をもとに順に入れていくと、次のようになります。なお、江口と岡崎は部屋番号が逆の場合もあるので（　　）をつけて表しています（他の２人も同様）。

	１号室	２号室	３号室	４号室	５号室	６号室	
①	-	（江口）		（井上）	（岡崎）	（宇野）	OK
②	-		（江口）	（岡崎）			アが 入らない

これより、**上の配置図のうち①のみ条件に合うので、安藤君の部屋番号は３号室**とわかります。

⑬計数対策/A(旧)型

推理問題2(順序関係)

▶ 数量の条件が多い場合は、数直線（線分図）にして表す。
▶ 条件がはっきりしている人物を中心にまとめていく。

年齢やテスト、ゲームの得点など、**複数の人の順序を示す条件が与えられる**のが、順序関係の問題です。数量の条件が多い場合は、数直線（線分図）にして表すと検討しやすくなります。以下、例題を見てみましょう。

A～Eの年齢について次のア～オのことがわかっている。左から順に、年齢の低い方から高い方へ正しく並べてあるのは次のうちどれか。

ア　AとBは4歳差である。
イ　CとEは3歳差である。
ウ　DとEは2歳差である。
エ　AはDより3歳年上である。
オ　CはBより2歳年上である。

○ 1.　C→E→D→B→A
○ 2.　D→A→B→E→C
○ 3.　D→B→A→C→E
○ 4.　E→B→D→C→A
○ 5.　E→D→C→B→A

解答・解説

条件をチェックしながら、必要に応じて表や数直線に表す。

「数量格差を含む順序関係」の問題です。条件文から、年齢の順序関係がきかれていると判断できます。手順としては、**完成形をイメージし、一つにまとめていくという流れ**です。

本問のように、数字の条件が多い場合は数直線上にまとめるとやりやすいです。

◆手順１　記号化し条件チェック

ア:A～B＝４歳、イ:C～E＝３歳、ウ:D～E＝２歳（←ア、イ、ウは年齢の上下は不明）、エ：A＝D＋３歳、オ：C＝B＋２歳（←エ、オは上下関係がわかる）と条件を整理します。

◆手順２　一つにまとめる

条件がはっきりしているエを中心にまとめていきます（←Aの位置をとりあえず決める）。①エよりAと3歳年下のDを配置します。②アよりBを2パターンで配置します。③ウよりEを2パターンで配置します。④オ、イの条件に適するようにCを配置して完成です。

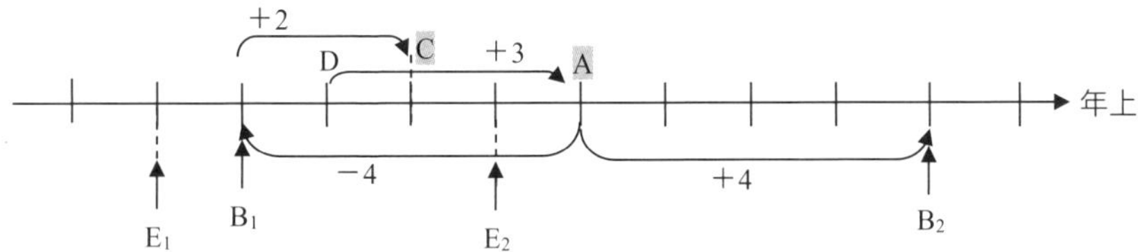

以上より、**年齢の低い順にE1、B1、D、C、Aがすべての条件を満たす**ことになり、正解は選択肢４となります。

⓮計数対策/A(旧)型

推理問題3(対応関係)

▶対応関係の問題は、対応表を作成して検討する。

▶縦の軸と横の軸に条件の内容を当てはめていく。

対応関係の問題は、2つ以上の対応関係を推理するもので、条件がたくさん提示されます。**すべての条件を整理して検討するには、対応表を作成して解くのが手順**になります。以下、例題を見ていきます。

P、Q、R、S、Tの5人は月曜日から金曜日までの間、2日間スイミングスクールに通っている。月～金の各曜日で5人のうち2人が一緒になるが、どれも同じ組み合わせはなかった。また、2日連続して通っているものはいない。次のア～ウのことがわかっているとき、金曜日に通っていると確実にいえるのはだれか。

ア　Pは火曜日に通っていなかった。
イ　QとTは水曜日に通った。
ウ　Rは木曜日に通っていなかった。

○ 1.　P
○ 2.　Q
○ 3.　R
○ 4.　S
○ 5.　T

解答・解説

正解	3

ポイント

「縦に主語」「横に目的語」を配置し、縦横の対応を「○×」で表す。

「対応関係」の問題です。本問は5人がスクールに通う日を決定させる問題です。このような人物と曜日の対応関係を決定させるには表を利用するとやりやすいです。

◆手順1　縦に人、横に曜日の表をつくる

通う曜日に○、通わない曜日に×、合計数を記入します。まずは、アとウの条件にしたがって表に×を記入し、さらに条件をもとに○と×を加えていきます。

①イより水曜日は決定します。

表Ⅰ	月	火	水	木	金	計
P		×	×			2
Q			○			2
R			×	×		2
S			×			2
T			○			2
計	2	2	2	2	2	10

◆手順2　はじめにある条件文から残りを決定する

②条件「2日連続して通っているものはいない」ことからQとTの火・木は×が入り、火曜日と木曜日も決定します。

③PとSの金曜日は×が入り、この2人は決定します。

表Ⅱ	月	火	水	木	金	計
P	○	×	×	○	×	2
Q	／	×	○	×	／	2
R	×	○	×	×	○	2
S	×	○	×	○	×	2
T	／	×	○	×	／	2
計	2	2	2	2	2	10

④Rの月曜日は×、金曜日は○が入り、Rは決定します。

⑤条件「同じ曜日の組合せはない」ことからQとTの月・金はいずれかに○が入ることになります（／の欄）。

以上より、**金曜日に確実に通っているのはR**となります。

⑮計数対策/A(旧)型

推理問題4(試合・勝敗)

▶トーナメント戦では、一度負けたら２回戦には進めないことを意識。
▶設問で提示されている条件を記号化して考える。

対戦を考える場合、**リーグ戦ならば対戦表を作成**して検討し、**トーナメント戦ならばトーナメント対戦表を作成**して検討します。以下、トーナメント戦の例題を見ていきます。

Ｐ～Ｕの６人でトーナメント戦を行った。下の４つの説明文とトーナメント表から判断して正しいものは、次のうちどれか。

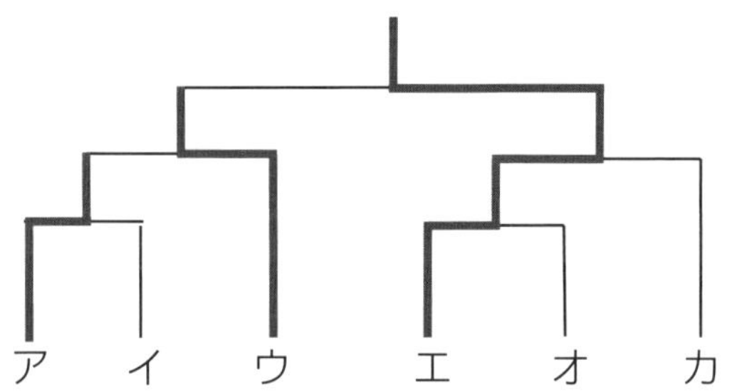

条件１　ＰはＲに負けた。
条件２　ＱはＰと対戦しなかった。
条件３　ＲはＵに負けた。
条件４　Ｓは２回戦でＵに負けた。

○ 1.　Ｐはウである。
○ 2.　Ｑはイである。
○ 3.　Ｒはイである。
○ 4.　Ｓはアである。
○ 5.　Ｔはイである。

解答・解説

ポイント

決勝戦が3回戦の場合、真ん中の対戦（2回戦）がポイント！

「試合・勝敗/トーナメント戦」の問題です。この問題では、**「一度勝ったら2回戦以上に進出」**し、**「2回戦の相手がポイント」**ということを意識すると考えやすいです。

◆手順1　条件を記号化

条件4「U > S（2回戦）」⇒ U は3回戦（決勝戦）進出

条件3「U > R」⇒条件4より U と R の対戦は1回戦か3回戦（決勝戦）

条件1「R > P」⇒ R は2回戦以上進出。

条件3と1よりRとUは決勝戦対決で、Uが優勝したことがわかります。

◆手順2　トーナメント対戦表に記入

U は「エ」、R は「ウ」、U と2回戦で対戦して敗退した S は「カ」、R と対戦して敗退した P は「ア」となります。

残りのチームは、条件2「QはPと対戦しなかった」ことより、**Qが「オ」、Tが「イ」**となり、確定します。よって、**選択肢5**が正答になります。

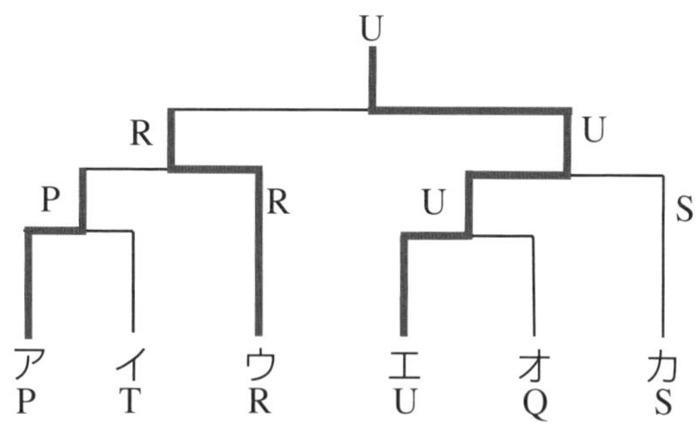

⑯計数対策/A(旧)型

推理問題5(暗号)

▶ 暗号記号への変換の規則性を見つける。
▶ 原文をローマ字変換や英語変換などに変えて検証する。

暗号で出題が多いのが換字式といわれるもので、**「原文」を別の記号、主に英数字などに置き換えたもの**です。以下、このパターンの例題を見ていきます。

ある暗号システムで「フランス」は「11、35、1、27、5、9」で表されるという。では、「世界」を表す暗号は次のうちどれか。

○ 1.　45、29、35、23、7
○ 2.　47、31、35、21、9
○ 3.　45、31、35、19、9
○ 4.　47、29、35、21、7
○ 5.　45、29、35、23、9

解答・解説

正解 1

ポイント
原文の文字数と暗号文の文字の数を合わせる。合わないときは、原文をローマ字変換や英語変換してみる。

「暗号」の問題です。暗号の換字式は、「原文」を別の記号などに置き換えたものです。このとき、**一つの原文文字に対して、いくつの暗号記号が、どのような規則で対応しているかを見つける**ことがポイントです。

◆手順1　原文と暗号文の対応を見る

原文「フランス」(4文字)⇔暗号文「11、35、1、27、5、9」(6つ)。原文と暗号文の数が一致しないので、原文をローマ字変換すると「FURANSU」(7文字)となって、やはり数が一致しません。そこで、**原文を英語表記すると「FRANCE」(6文字)となって一致**しました。

◆手順2　アルファベットと数字の対応規則を見る

原文「FRANCE」⇔　暗号文「11、35、1、27、5、9」。
アルファベット順にならべてみます。
A＝1、C＝5、E＝9、F＝11、N＝27、R＝35
となっており、奇数が対応していると推察されます。これを一覧にまとめると表のようになります。これより、「世界」を暗号文に変換してみると、「世界」⇒「WORLD」⇒「**45、29、35、23、7**」となり、**選択肢1**が正解です。

	1	3	5	7	9
0	A	B	C	D	E
1	F	G	H	I	J
2	K	L	M	N	O
3	P	Q	R	S	T
4	U	V	W	X	Y/Z

⑰計数対策／A（旧）型

推理問題6（数量条件からの推理）

▶ 得票数を求める問題では、最後の1票まで当選がわからないような状況をイメージする。

論理的、規則的に考える問題であり、さまざまな状況を想定しながら具体的に数値で検証していくことが求められます。以下、例題を見ていきましょう。

人数40名のクラスで、代表委員２名を決める選挙が行われた。選挙は１人が１名に投票する方式で行われ、立候補者はP、Q、R、Sの４名であった。下の文の空欄にあてはまる数の組み合わせで正しいものはどれか。

代表委員に必ず当選するためには（　ア　）票以上を獲得する必要がある。ある時点での各候補の得票数が下の表になっているとき、残りの票数を考慮してQの１位当選が確定するためには、あと（　イ　）票以上獲得する必要がある。

立候補者	P	Q	R	S
得票数（票数）	8	5	3	2

	ア	イ
○ 1.	13	12
○ 2.	13	13
○ 3.	14	13
○ 4.	14	14
○ 5.	14	12

解答・解説

正解 3

ポイント
必ず当選する得票数を求めるには、当選者の数に1名を加えた数を基準（2名が当選するときは2＋1＝3名）とする。

「数量条件からの推理/得票数」の問題です。一見するとわかりにくい問題でも、**具体的に考えていくことで解法の糸口が見えてくる**ものです。

本問のような得票数を求める問題では、最後の1票まで当選がわからないような白熱した状況をイメージします。

◆手順1　必ず当選する得票数を求める

代表委員2名を選出するので、2＋1＝3名の候補者で票を分け合っていると考えます。

40 ÷ 3 ＝ 13 …1

より、3名の候補者が13票と並んでいる場合を考え、残り1票を獲得すれば当選となるので、**必ず当選する場合の最低得票数は14票**となります。

◆手順2　1位当選する場合を考える

ある時点での票数は8＋5＋3＋2＝18票なので、残りは40－18＝22票です。この22票をPとQの上位2名で分け合うと考えます。

(8＋5＋22) ÷ 2 ＝ 17 …1

より、1人当たり17票ならば同数で1位にはなりますが、単独1位になるためには、残り1票を獲得する必要があります。よって、**1位当選は18票獲得する必要があり、Qはあと18－5＝13票以上を獲得すればよい**とわかります。

よって、選択肢3が正答になります。

⑱計数対策/B(新)型

四則演算

▶出題パターンは1ステップ型、2ステップ型、3ステップ型の3つ。
▶1ステップ型には6つのタイプがあり、これらの手順を理解する。

B（新）型の計数の出題で大半を占める四則演算の出題のパターンは、次のような3つに分類することができます。したがって、**この四則演算の3つのパターンを知り、早く正確に解けるようになることが重要**になってきます。

◉1ステップ型（1回の操作で答えが出るパターン）

基本形は以下の6つのタイプで、**手順としては逆算（たし算⇔ひき算、かけ算⇔わり算）**で答えを出します。ただし、③と⑥のタイプは例外となり要注意です。

タイプ①	□＋18＝52	→	□＝52－18	→	□＝34
タイプ②	□－26＝51	→	□＝51＋26	→	□＝77
タイプ③	74－□＝48	→	□＝74－48	→	□＝26
タイプ④	17×□＝136	→	□＝136÷17	→	□＝8
タイプ⑤	□÷49＝19	→	□＝19×49	→	□＝931
タイプ⑥	850÷□＝34	→	□＝850÷34	→	□＝25

②と③は似ていますが、□から引くのか、□を引くのかで手順が異なります。⑤と⑥も似ていますが、□を割るのか、□で割るのかで手順が異なります。

①と④は、□の位置が前でも後ろでも逆算の手順は変わりません。

基本6タイプを使いこなせるようにすることが、計算を速く正確に解くコツです。

◉2ステップ型（2回の操作で答えが出るパターン）

1回目の操作で、式を簡単な形にします。これで**1ステップ型の基本6タイプのいずれかになる**ので、あとは2回目の操作をし、答えを出します。

◇例題①

5＋6＋7＝□÷5

① 左側の○を算出し、② 右側の5をかけます。

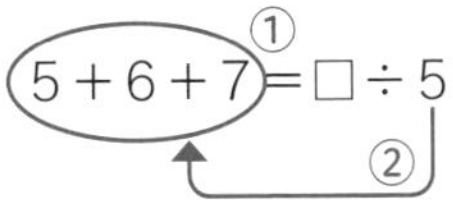

(5＋6＋7)＝□÷5

計算式では、（5＋6＋7）×5＝**90**　と計算します。

電卓では、5、＋、6、＋、7、×、5、＝　と入力すれば答えを求めることができます。

※本書では上記のような電卓操作を想定しているが、一部電卓やスマートフォンのアプリなどでは、5、＋、6、＋、7、＝、×、5、＝　と入力しなければならない場合もあるので必ず確認する（以下同様）。

◉3ステップ型（3回の操作で答えが出るパターン）

1、2回目の操作で、式を簡単な形にします。これで1ステップ型の基本6タイプのいずれかになるので、最後に3回目の操作をし、答えを出します。

◇例題②

（88－13）÷5＝□－16

①左側の○を算出し、②左側の5で割り、③右側の16を足します。

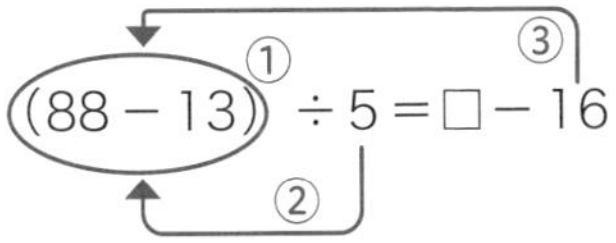

((88－13))÷5＝□－16

計算式では、（88－13）÷5＋16＝**31**　と計算します。

電卓では、88、－、13、÷、5、＋、16、＝　と入力します。

⑲計数対策／B（新）型

図表問題

▶ 図表問題は、データ抽出型とデータ処理型に２分できる。
▶ 選択肢に着目し、各年齢層で１番人数の多いところを探す。

図表の問題は次の２つに分けられます。一つは**データ抽出型**で、与えられた図表からきかれているデータを選び出すタイプです。

もう一つは**データ処理型**で、与えられた図表からデータを処理し、きかれたことに答えるタイプです。このタイプには大きく２つのパターンがあります。一つは**データの合計（または差）を出して比較するパターン**で、もう一つは**データを累積して（積み上げて）いくパターン**です。

以下、データ抽出型を見ていきます。

次はある都市の年齢別人口（単位：人）を表したものである。このとき、人口の総数に対して占める割合が最も多い年齢層はどれか。

0～4歳	5～9歳	10～14歳	15～19歳	20～24歳	25～29歳	30～34歳
475	648	780	637	360	474	447
35～39歳	40～44歳	45～49歳	50～54歳	55～59歳	60～64歳	65～69歳
638	722	848	997	981	812	922
70～74歳	75～79歳	80～84歳	85～89歳	90歳以上	総計	
1003	854	569	471	211	12849	

○ 1.　0～4歳
○ 2.　10～14歳
○ 3.　50～54歳
○ 4.　70～74歳
○ 5.　85～89歳

解答・解説

正解	4

ポイント

「割合が多い」=「分子の値が大きい」ということを理解する。

「人口の総数に対して占める割合が最も多い年齢層」を選び出す問題です。

「総数に対して占める割合」は、$\frac{\textbf{各年齢層の人数}}{\textbf{全体の人数}}$ として求めます。

ここで、(分母の数)は常に同じですから、「割合が多い」=「分子の値が大きい」となります。分子の値は「各年齢層の人数」ですから、選択肢にある各年齢層で1番人数の多いところを探せばよいでしょう。

選択肢にある年齢層を見ていけば、**明らかに「70～74歳」が4桁台と大きい値**で、人口の総数に対して占める割合が最も多いことになります。

0～4歳	5～9歳	10～14歳	15～19歳	20～24歳	25～29歳	30～34歳
475	648	780	637	360	474	447
35～39歳	40～44歳	45～49歳	50～54歳	55～59歳	60～64歳	65～69歳
638	722	848	997	981	812	922
70～74歳	75～79歳	80～84歳	85～89歳	90歳以上	総計	
1003	854	569	471	211	12849	

⑳英語対策

要旨把握(内容合致)問題

▶パラグラフごとに読んで要点を整理。
▶ダミーの選択肢内の誤りを見抜こう。

英語の出題で中心となる要旨把握問題では、文章全体の要旨を問う出題だけでなく、パラグラフ(段落)ごとの内容を問われる問題が増加傾向にあります。このような問題では、**設問から何について尋ねているのかを把握し、その情報が含まれているパラグラフの見当をつけて読み込むというのも一つの方法です。**

◉ダミーの選択肢に注意!

内容合致問題は通常3〜5択ですが、その中にはダミーの選択肢が多く盛り込まれています。ダミーの選択肢は、人物名や国名、その他フレーズなど一部が内容と合致しているものの、全体を見ると内容と大きく異なるものです。そのため、**一部の単語だけで安易に答えを決めずに、選択肢全体を吟味して選ぶ**ようにしましょう。

◇例題

Of all the places, Harrison found, Papua New Guinea has the richest mix of languages. The island nation, only slightly larger than California, is home to more than 4 million people and more than 750 languages.

次のうち、内容に合致するものは次のうちどれか?

○ **1.** More than 4 million people live in New Zealand.
○ **2.** Papua New Guinea's specialty is the banana.
○ **3.** There are more than 750 languages in Papua New Guinea.

解答・解説

正解	3

ポイント
パラグラフごとの要点を整理し、選択肢の文章をすべて確認する。

◆長文の和訳

ハリソンは、あらゆる場所の中でパプアニューギニアには最も豊かに言語が混在しているということを発見した。カリフォルニアよりわずかに大きいその島国には、400万人以上の人々が住んでおり、そして750以上の言語が存在している。

◆選択肢の和訳

1. 400万人以上の人々がニュージーランドに住んでいる。
2. パプアニューギニアの特産物はバナナである。
3. 750以上の言語がパプアニューギニアには存在する。

正解は**選択肢3**です。選択肢1の「more than 4 million people（400万人以上）」と選択肢2の「Papua New Guinea（パプアニューギニア）」というフレーズが文章中にも登場しています。しかし、文章全体を読むと、内容が大きく異なっています。

このようなダミーの選択肢に引っかからないようにするため、「**パラグラフごとの要点を整理すること**」と「**選択肢の文章をすべて確認すること**」を強く意識しましょう。

今回の例題はわずか200字程度の英文でしたが、本試験では1000字以上の長文が問題として使われます。長文問題が苦手な人は、多くの問題を解いて長文問題に慣れるとともに、上記の2つの事項を意識しましょう。

㉑英語対策

空欄補充問題

▶ 問われるのは英単語の知識。
▶ 文章全体を読んで、穴に入るフレーズを推測。

空欄補充問題(穴埋め問題)とは、本文の一部が欠けていて、そこにあてはまる語句や文として適切なものを選択する形式の問題です。主に3～5つの選択肢から解答することになります。

◉英単語の知識量が問われる問題！

空欄補充問題で欠けている部分は、ほとんどが英単語です。そのため、英単語の知識量で差がつきます。隙間時間を利用して、良質な英単語帳やアプリ等で自分に合った学習法を工夫し、確実に使いこなせる語を獲得していきましょう。

◉推測力を問われる問題多数！

空欄補充問題では、推測力も試されます。**文脈をつかむ前に選択肢を見てしまうと、先入観で取り違えてしまうリスクが高まります。**文章を読んで、空欄に入る語句をある程度自分で見当をつけてから、選択肢を確認し、近いものを解答するようにしましょう。

◇例題

Young people are trying hard to be popular on (　　) media.

○ 1.　society
○ 2.　social
○ 3.　socially
○ 4.　socialize

解答・解説

正解　2

ポイント
空欄に入るのが形容詞であることを見極める。

◆設問の和訳

若者は（　　）メディアで人気になろうと熱心に努めている。

正解は **選択肢２の「social」** です。social mediaで「ソーシャルメディア」という言葉になります。

問題文を見れば、名詞であるmediaの前に（　　）があるため、（　　）に入るのは形容詞だとわかります。４つの選択肢の中で形容詞は「social」のみです。

このように、**【英単語の知識】と【推測力】**があれば、空欄補充問題は解きやすくなります。ただし、日本語で一般的に使われている言葉だけれども、いわゆる「和製英語」で欧米では通じないものもあります。適切な表現を確認しておきましょう。

◇類題

① After a lot of practice he was (　　) to understand spoken English.

○ **1.** able　○ **2.** easy　○ **3.** good　○ **4.** possible

② That was the first Japanese food I had (　　) tasted.

○ **1.** already　○ **2.** ever　○ **3.** never　○ **4.** still

③ Please (　　) this letter to the post office when you leave here.

○ **1.** bring　○ **2.** mail　○ **3.** fetch　○ **4.** take

答え　①＝1　②＝2　③＝4

㉒性格テスト対策

G9／A8／W8

▶ストレスの原因を解決できる能力をはかるG9。
▶ A8では企業が求める人物像を把握しておく。

◉G9(コーピング適性検査)はストレス耐性をはかるテスト

就活生のストレス耐性をはかるテストです。ストレスの状態と、そのストレスへの対処力やストレスからの回復力がわかる質問となっており、**60問を制限時間の10分で回答**させます。

このテストは、会社をすぐに辞めてしまうような人材でないかを判断することがねらいです。ストレスのもととなる要素は、仕事のプレッシャーや人間関係が代表的なものです。これらに関する質問がなされ、ストレスを受けやすいかどうか、またどうストレスと向き合うか、を判断していきます。入社3年でかなりの割合の新人が会社を去っていく中、**ストレスの原因を解決することのできる「行動特性（コーピング)」を持つことは重要な能力**といえます。そのことを念頭において、回答することになります。

選択肢 1＝よくあてはまる 2＝ややあてはまる 3＝どちらでもない 4＝あまりあてはまらない 5＝まったくあてはまらない		1	2	3	4	5
1.	自分の思い通りにならないと不機嫌になる。	○	○	○	○	○
2.	自分の手に負えない状況のときは、ひとまず冷静になる。	○	○	○	○	○
3.	他人の噂話をするのが好きな方である。	○	○	○	○	○
4.	人前では緊張して普段通りの力を発揮できない。	○	○	○	○	○
5.	困難に直面したときには、無理に解決することはしない。	○	○	○	○	○
6.	物事には動じない性格である。	○	○	○	○	○

◉A8(Another8:コンピテンシー適性検査)では個人の強みをはかる

「A8」は、コンピテンシー理論を根拠にしたテストです。コンピテンシー理論とは、高い業績を残している人物の行動・思考などを基準として、就活生がこれまでどのような行動や考え方をしてきたかを見極めるものになります。

つまり、企業の考える高い業績を残している人物の行動や思考に近い回答が望ましいことになります。また、このテストは応募者の消極的な面よりも、**個人が持つ強みを明らかにするのが特徴**であり、結果は面接でも活用されます。

制限時間は15分です。学生時代に一生懸命に取り組んだ内容を選択するブロック（導入部）と、**98の質問に回答するブロック**に分かれています。質問数を考えるとじっくり考える余裕はありませんので、あらかじめどういう人物像を会社は求めているのかをホームページ等で確認し、どういう答え方が希望する会社にとってのプラス評価であるかをイメージして回答するようにします。

「学生時代に取り組んだこと」を念頭において、あなたがこれまでの学生時代において、どのように考え行動してきたか（思ってきたか）を、具体例を思い出しながら自分を最も的確に表現できる選択肢を１つ選んでください。
※疑問文の中に、「相手」や「他人」という言葉が出てきた場合、誰を思い浮かべて頂いても結構です。

選択肢 １＝常にそうしてきた（思ってきた） ２＝しばしばそうしてきた（思ってきた） ３＝まれにそうしてきた ４＝まったくそうしてこなかった(思ったことがない) ５＝そのようなことをする（思う）機会がなかった		1	2	3	4	5
1.	物事がうまくいかないことを目下のせいにしたことがある。	○	○	○	○	○
2.	成功するイメージを持ったうえで、物事に取り組んだことがある。	○	○	○	○	○
3.	自分のやっていることが相手にとって意味があるかどうか考えたことがある。	○	○	○	○	○
4.	自分のやりたいことでの優先順位を考え、順位の高いものを集中させたことがある。	○	○	○	○	○

◉W8(チーム・コミュニケーション適性検査)は協力する力をはかる

「W8」は、**チームで力を発揮できるかどうかを見極めるテスト**です。どれだけ個人の能力が高くても、チーム・コミュニケーション力が欠けていれば高い業績を残すことはできません。企業では、チームで働くことが大前提であり、協力して仕事の成果を上げられる人材であることは、とても大事な要素となります。

とはいえ、単純に協調性があるだけでは、会社に高い成果を残すことが難しいと考えられています。異なる意見や考えを持つ人と、違いを乗り越えて「協働」できる力が求められるのです。

このテストでは、**40問を制限時間の10分で回答**します。チーム・コミュニケーションの要となる社会性を見極める内容の質問となっており、チーム・コミュニケーションが高い人材の証である**「自尊感情」「他尊感情」の高さ**とともに、**「私的自己認識」「公的自己認識」という評価項目を用いて、科学的に判断**されます。自分の思い込みだけではなく、客観性も求められます。

自分に最もあてはまる選択肢を、５つの選択肢の中から１つ選んで下さい。

選択肢 1＝よくあてはまる 2＝ややあてはまる 3＝どちらでもない 4＝あまりあてはまらない 5＝まったくあてはまらない		1	2	3	4	5
1.	人を助ける気にはならなかった。	●	●	●	●	●
2.	人に意見されても全然気にならなかった。	●	●	●	●	●
3.	自分には人よりも優れていることがあると思ってきた。	●	●	●	●	●
4.	自分の話をするよりも相手の話をきくことを心がけてきた。	●	●	●	●	●
5.	自分のことをよくわかって行動してきた。	●	●	●	●	●
6.	人に負けるより勝つことを望んできた。	●	●	●	●	●
7.	他人にどう思われているかは気にしなかった。	●	●	●	●	●
8.	知っている人のことはみんな好きだった。	●	●	●	●	●

第3章

TG-WEB実力模試・A（旧）型

実際のテスト形式に準じた模試です。TG-WEBの２つの種類のうち、難問の多いA(旧)型で、制限時間内で全問解き終えるのは最初は難しいですが、トライしてみましょう。最低限用意するのは、解答やメモ書きとして使用するノートと筆記用具、電卓、辞書等です。

- 言語…12問（制限時間12分）
- 計数…9問（制限時間18分）
- 英語…10問（制限時間15分）
- 性格テスト（G9）…60問（制限時間10分）

目標解答時間

言語　問1

空欄にあてはまる語句として最も適切なものを選びなさい。

心理学の世界では古典になるのかもしれないが「マズローの欲求階層説」というのがある。人間の行動のもととなる欲求には５つの階層があるというものである。第１段階、生理的欲求。第２段階、安全の欲求。第３段階、社会的欲求。第４段階、自尊欲求。第５段階、自己実現欲求。

この５つが人間の行動基盤になっていると言う。だが、マズローがこう考えたのはかなり昔のことで、現代の日本で考えてみると比較的豊かで安全で一般的な生活をしている人ならば、欲求は自尊と自己実現くらいではないだろうか。

若い世代を見回すと、自分の趣味や好みにしか関心のない人々も多い。学習や課題を手抜きしてもなんとかなる。限られた条件の中で知恵を絞り出さないといけない場面もめったになく、家ではほとんど動かずに電化製品の操作ができ、ゲームの中なら電車の運転もできるし超人的なヒーローにもなれる。好きなときに好きな動画を観て大概の場所で友達と連絡が取れる。このような豊かさの中で［　　　　］がどうやったら育つのだろう。放っておいたら本来身につくはずの力も育たない。

衣食住が整う環境や自由の価値についてあまりに鈍感であることは、第一段階から第三段階までの感覚を鈍らせ、それは第四段階と第五段階の欲求を満たすために必要な力を弱らせているように思えるのである。歴史や世界やさまざまな価値観を学ぶことは、このような自分の鈍った感覚を磨くことに繋がるのである。

○ 1.　生理的欲求や生命を維持する能力

○ 2.　愛や友情を育む感性や能力

○ 3.　我慢する力や工夫する力

○ 4.　現代社会を生き抜く経済力

○ 5.　自分の能力の限界に気づく力

解答・解説 ▶ 別冊2ページ

目標解答時間

言語　問2

空欄にあてはまる語句として最も適切なものを選びなさい。

大人になってからのトラブルの大部分は、言葉がその理由に関わっていることが多い。誤解や説明不足で双方の理解に差が生まれ、「言った・言わない」の水掛け論になるといったようなことだ。

言葉というものは実に厄介なものである。本人は伝えたつもりだが、相手からしたら情報不足ということもある。例えば、「いいね」「よかった」という言葉は便利だが、そもそもこの「いい」は最大公約数的な言葉で特に意味は示せていない。「いい」はその価値観や文化圏を共有しないと使えない語句だとどれだけの人が理解して使っているだろうか。「いい天気」は日本では晴天だが、サウジアラビアでは雨天を指す。立場や価値観によってはまったく逆を指すこともあるのだ。「いい」の場合、より具体的に表現する語句は、例えば、正確・頑丈・清潔・豪華・安価・羨望・美味・精密・合理的…などが浮かぶ。

これらの言葉から選択して使った方が誤解は起きにくいだろう。これが「ヤバい」だとよい方も悪い方の意味も持つようになっているのでさらにややこしくなる。[　　　　　]

○ 1.　このように、日々更新されていく若者言葉や意味の変化に敏感でいる必要がある。

○ 2.　会話であれば言い方や表情を工夫してだいたいどちらの意味かを判断できるが、文章のときは避けた方がよい。

○ 3.　漠然とした語句を多くの場面で使いまわすのではなく、的確な言葉を選ぶ意識が必要だ。

○ 4.　人間は言葉で思考をするので、言葉が貧弱であれば単純なことしか考えられなくなるのである。

○ 5.　「沈黙は金」ということわざがあるように、言葉に頼らず仕草や表情などから読み取ることが大切だ。

解答・解説 ▶ 別冊3ページ

目標解答時間

言語　問3

空欄にあてはまる語句として最も適切なものを選びなさい。

日本において科学の発達がおくれた理由はいろいろあろうが、一つにはやはり日本人の自然観の特異性に連関しているのではないかと思われる。雨のない砂漠の国では天文学は発達しやすいが、多雨の国ではそれが妨げられたということも考えられる。自然の恵みが乏しい代わりに自然の暴威のゆるやかな国では自然を制御しようとする欲望が起こりやすいということも考えられる。全く予測し難い地震台風に鞭打たれつづけている日本人は、それらの災害を軽減し回避する具体的方策の研究にその知恵を傾けたもののように思われる。おそらく日本の自然は西洋流の分析科学が生まれるためにはあまりに多彩でありあまりに無常であったかもしれないのである。

現在の意味での科学は存在しなかったとしても、祖先から日本人の日常における自然との交渉は［　　　］という気もするのである。

複雑な環境の変化に適応せんとする不断の意識的ないし無意識的努力はその環境に対する観察の精微と敏捷を招致し養成するわけである。同時にまた自然の驚異の奥行きと神秘の深さに対する感覚を助長する結果にもなるはずである。自然の神秘とその威力を知ることが深ければ深いほど人間は自然に対して従順になり、自然に逆らう代わりに自然を師として学び、自然自身の太古以来の経験をわが物として自然の環境に適応するように努めるであろう。

出典　寺田寅彦「日本人の自然観」より

○ 1. 災害に翻弄されて自然への畏敬の念が膨らんでいくのも理解できるが、そればかりでなくもう少し分析的な取り組みをしておくべきだったのではないか

○ 2. 西洋の自然に対して果敢な姿勢と比較するといささか貧弱とも腰抜けとも言えるものであり、その点が科学の発達のおくれにつながったのではないか

○ 3. 理にかなったものであって、この観察して得た知見を世界各地に応用すれば科学界における引率者となれるのではないか

○ 4. 分析力の進んだ西洋と比較するとおくれていることは承服せざるを得ないが、同じように自然災害に苦しむアジアの人達には高く評価されるのではないか

○ 5. 今の科学の目から見ても非常に合理的なもので、その合理性を「発見」し「証明」する役目が将来の科学者に残された仕事の分野ではないか

解答・解説 ▶ 別冊3ページ

目標解答時間

言語　問4

次のA～Eを意味が通るように並べ替えたものとして妥当なものはどれか。

A　また、読点の位置で意味を変えてしまう場合もあるのでこれにも注意するべきだ。

B　「申し訳ないのですが、先程の、ご説明の中に、少し、理解しにくい点が、ありましたので、何点か、質問を、したいのですが、よろしいでしょうか。」これも読みにくい。必要最小限、かつ適切な位置に打つようにしたい。

C　読点は、少なすぎにも多すぎにもまず注意するべきだ。

D　例えば、「申し訳ないのですが先程のご説明の中に少し理解しにくい点がありましたので何点か質問をしたいのですがよろしいでしょうか」という文があるとする。これは読みづらい。

E　日本語の文章における記号の中で、もっとも早くから知っているのに、その使い方が難しいのが読点である。

○ 1.　C→D→B→A→E

○ 2.　E→C→A→D→B

○ 3.　E→C→D→B→A

○ 4.　C→A→E→D→B

○ 5.　E→A→D→C→B

解答・解説▶別冊4ページ

目標解答時間

言語　問5

次のA〜Eを意味が通るように並べ替えたものとして妥当なものはどれか。

A　頑張っていないと言うつもりは毛頭ないが、雑だとは思う。空中に言葉を放り投げているだけで伝わらないのは当然だ。子の視野に親は入っていない。後方からの声など耳に入るわけがない。

B　子育て中のある親が、何度言っても聞き分けがよくないと嘆いていた。優しく言っても聞かないからどんどん口調が荒くなってしまうと。

C　子育てに限らず、教育や研修でも同じだ。伝わらないことを相手のせいにするのではなく、伝える側が言葉の選び方と同様に、相手が受け止めやすい状況を整えることに神経を使うべきだ。

D　確かにその人が怖い顔をして同じことを何度も怒鳴っているのを見掛けた。「私はこんなに頑張っているのに」と周りに愚痴をこぼす。

E　大声で言えば伝わるというものではない。子どもに近づき、視野いっぱいに自分の顔を見せ、言葉を受け止める環境を整えれば、伝わる確率は上がる。表情や手を握るという非言語コミュニケーションも含めて考える必要がある。

○ 1.　C→B→A→E→D

○ 2.　C→D→E→B→A

○ 3.　C→E→B→D→A

○ 4.　B→E→A→D→C

○ 5.　B→D→A→E→C

解答・解説▶別冊4-5ページ

目標解答時間

言語　問6

A～Fを並べ替えたとき、最も意味の通った文章になるものはどれか。

A　「未来」だと感じていたものが、現実の生活の中に入り込んできて自由に使える時間が増えたと喜ぶべきか、不景気で家事を簡略化して夫婦共に働く時間を捻出する世帯が増えたと嘆くべきか。購買の背景を考えると複雑な気持ちになる。

B　そう考えていくと、お掃除ロボットに愛称をつけ、バイクや自動車に名前をつける人がいるのも昔ながらの道具を愛して大切に扱う心の表れと納得できる。

C　さて、日本の昔ながらの掃除道具と言えば、箒（ほうき）に雑巾である。三角巾に割烹着姿で箒を持つのが昭和の母親の典型的な姿であった。特に箒について調べていたら興味深い話を見つけた。

D　最近はお掃除ロボットも珍しくなくなってきた。価格は1万円から10万円を超えるものまで幅広い。主の留守中でも段差や角をセンサーで感知して掃除機をかけてくれる。これにニックネームをつけて話しかける人もいるらしい。

E　毎日同じ道具を使い続け、丁寧に手入れをしていくうちに愛着がわいていく。愛情を持って扱うと道具の方も人間に応えてくれるようになる。持ち主に特別な力をもって手伝ってくれることがあるのかもしれないと、昔の人は考えたのではないか。道具を大切に扱っているからこその発想である。

F　妊婦のお腹をこれでなでると元気な子が生まれるというまじな

いがあったそうだ。また、京都では長居する迷惑な客人に早く帰って欲しいとき、玄関にこれを逆さに置く。海外でも似たようなものはある。魔女はこれに乗って空を飛ぶ。女性に不思議な力を与える話が複数存在する。

○ 1.　F→C→D→B→A→E

○ 2.　C→E→F→D→A→B

○ 3.　E→C→F→D→A→B

○ 4.　D→A→C→F→E→B

○ 5.　A→D→B→C→F→E

解答・解説▶別冊5-6ページ

言語　問7

次の文章の内容と合うものを後の1～5から選べ。

時間というものは老若男女にかかわらず、平等に流れていることに異論を挟むものはいないはずである。しかし、子どもから大人に成長するにつれて、体感時間というものは劇的に変化するのも事実である。たとえば2、3年前の出来事は10代前半の子どもにとっては大昔のことのように感じるが、30、40代以上の大人にとってはついこの前と表現してしまうほど、最近に感じるものだ。

このように年齢を重ねるにつれて時間の流れが速く感じるようになるのは、脳が新しい刺激を受けなくなることと関係している。幼少期に初めての経験ばかりだったことも、大人になるまでには幾度となく繰り返され、「慣れ」てしまうのだ。そこにはもう期待や不安といった新鮮な感覚はなくなり、脳が刺激を受ける程度も次第に薄れていく。比例して時間の流れも体感的には加速度を増していくことになる。

少々、加齢に対して悲観的な言い方になってしまったが、もし体感時間を少しでも長くしたいのなら、自分がこれまでに経験したことのないものにチャレンジすればよい。新しい趣味を持ち、新しい人間関係を作り、自らをこれまでとは異なる環境に身を置けばよい。惰性的に反応してきた脳は強い刺激を受ける。

そうすることで子どもの頃に感じていた感覚を思い出すことができ、体感時間もそれまでとは違ってくるはずである。すなわち、何事も体感時間が速い大人だからこそ、新しいことにチャレンジしていくことが大事なのである。

○ 1.　子どもと大人が感じる時間の流れの速さの違いは主観的なものに過ぎない。

○ 2.　子どもは日々充実した暮らしを送っているから、時間の流れが速く感じる。

○ 3.　大人になると、ほとんど知らないことがないので、日々の生活がつまらない。

○ 4.　新しい期待や不安といった新鮮な感覚は、大人になっても味わうことは不可能ではない。

○ 5.　大人でも、常に子どものような体感時間を維持している人は一部存在している。

解答・解説▶別冊6-7ページ

目標解答時間

言語　問8

筆者の主張と一致するものを後の1～5から選べ。

SFとは「science　fiction」の略で、かつては「空想科学小説」と訳されることが多かった。

漠然と「科学の発達、その延長線上にある世界を想定したもの」と考えられ、宇宙やコンピュータ、ロボットや遺伝子、異生物、核戦争にまつわる架空のエピソードが含まれる作品が多い。ただし、過去に戻る設定の物語も多数ある。また、科学的な説明の不可能な設定の作品もしばしばSFに分類されている。超能力を持つ登場人物が活躍する作品などがこれに該当する。魔法やタイムトラベルが含まれることもあり「F」はファンタジーの「F」と解釈されることもあるが、それに対する反論もある。 定義について論争になることも多く、決着はつかない。

複雑化・多様化する定義に関して区別することは困難で、一般的には深入りしないことになりつつある。だからと言って何から何まで荒唐無稽な世界では「SF」とは言えない。科学的合理性と真摯に向き合う説明か、そこを試みない世界観であったとしても不自然さを感じさせない緻密な説明は必要である。いずれにせよ読者が納得する程度のリアリティは求められる。架空のエピソードの魅力は、それ以外の部分が現実に沿っていてこそ浮かび上がる。

○ 1.　SFの定義が曖昧なままであるため、ジャンル分けが困難である。一定の明確な定義づけをして、それを遵守した作品のみを「SF小説」とするべきだ。

○ 2.　SF小説の魅力は、架空のエピソードの部分にこそある。現実の科学的知識や社会常識を持たない人の方が枠にとらわれず創造的な世界観を描写できる。

○ 3.　以前は明確に定義されていたSF小説であるが、最近は、魔法やタイムトラベルなどを題材にしたものまでSF小説に分類されており、ジャンルの間違いが増加している。

○ 4.　SF小説の中には魔法を扱うものもあり、これらには科学的な要素がなくSFではないと指摘する人もいるが、科学技術も昔の人からすれば魔法に近いものであり問題はない。

○ 5.　SF小説に明確な定義づけは不可能で、広範囲に渡っているが、その世界観に架空のものを含みつつも一定の合理性やリアリティのある表現を求められる点は共通している。

解答・解説▶別冊7-8ページ

目標解答時間

言語　問9

本文の趣旨と一致するものを後から選べ。

「レジリエンス」とはもともとは復元する力、弾力という意味で主に物理学で用いられた語だ。生態学的には、環境汚染などの攪乱から回復して物質循環やバイオマス生産を維持する能力を指す。

近年、心理学の分野でも使われるようになった。

一般的に、大きな困難や脅威による抑制を受けた経験は、その後の個人の能力を縮小するものだと認識されている。トラウマはその後の人生に影を落とすことは確かだ。しかし、悲惨な状況下に置かれていた子供達でも、青年期以降に環境に順応できているケースも多く報告されている。過去に戦争・災害・病気・虐待等の苦痛を経験していても、そこから立ち直り、良好な精神状態を維持していくようなサポートの研究が進められている。それらを扱う論文にも「レジリエンス」という語が使われている。ここでは精神的回復力とも訳されている。細かく見ると、楽観性・統制力・社交性・行動力といった元来本人が持っていた資質的な要素と、問題解決志向・自己理解・他者心理の理解といった後天的に獲得した要因を含むとのことだ。

苦しい状況から立ち直る、回復する力というニュアンスで、経営学や組織論、災害からの復興について論じる際にも使われるようになっている。

○ 1.　「レジリエンス」とは物理学、生態学、精神衛生、心理学などさまざまな場面で使われるキーワードとなっている。このような言葉は使う分野で微妙に意味が異なるので注意が必要だ。

○ 2.　多くの分野で「レジリエンス」という語が使われるようになった。心理学では、困難な状況から立ち直って順応できるような精神的回復力というような意味で使われる。

○ 3.　戦争や虐待など個人で解決できないような大きな困難や脅威による抑制を受けた経験は、その後の人生に影を落とし、個人としての能力やチャンスを縮小するものである。

○ 4.　過去に戦争や災害、病気、貧困、親の虐待等の苦痛を経験していても、良好な精神的状態を維持できる特別な精神構造の人がいることが研究でわかってきた。

○ 5.　「レジリエンス」は、もとは復元する力という意味の物理学用語だ。日本は災害による被害が深刻であるので、環境的にも精神的にもレジリエンスの力を強化するべきだ。

解答・解説▶別冊8ページ

目標解答時間

言語　問10

本文の趣旨と一致するものを後の1～5から選べ。

読書好きを自称する人に共通することは、習慣の一つの行いとして生活サイクルに組み込まれていることがあげられる。人は、単に義務からのみ、あるいは単に興味からのみ、読書し得るものではない。習慣が実に多くのことをなすのである。

そして他のことについてと同じように、読書の習慣も早くから養わねばならない。学生の時代に読書の習慣を作らなかった者は恐らく生涯読書の面白さを理解しないでおわるであろう。読書の習慣を養うには閑暇を見出すことに努めなければならない。そして人生において閑暇は見出そうとさえすればどこにでもある。朝出掛ける前の30分、夜眠る前の一時間、読書のための時間を作ろうと思えばいつでもできる。

現代の生活はたしかに忙しくなっている。終日妨げられないで読書することのできた昔の人は羨望に値するであろう。しかし、いかに忙しい人も自分の好きなことのためには閑暇を作ることを知っている。読書の時間がないというのは読書しないための口実に過ぎない。まして学生は世の中へ出た者に比してはるかに多くの閑暇をもっているはずだ。

そのうえ読書は他の娯楽のように相手を要しないのである。人はひとりで読書の楽しみを味わうことができる。古今東西のあらゆるすぐれた人に接することができるというのは読書における大きな悦びでなければならない。読書の時間を作るために、無駄に忙しくなっている生活を整理することができたならば、人生はそれだけ豊かになるであろう。読書は心に落着きを与える。そのことだけから考えても、落着きを失っている現代の生活にとって、読書の有する意義は大きいであろう。

○ 1.　読書は、忙しい現代人の生活にとって生活を整理してくれるものであり、心に落着きを与え、人生を豊かにしてくれるため、読書の意義はとても大きい。

○ 2.　人は、単に義務からのみ、あるいは単に興味からのみ、読書し得るものであり、読書を習慣にしていれば、それだけで多くのことをなすというわけではない。

○ 3.　時間にゆとりのない現代人の読書習慣が失われてきたことによって、日本の教育レベルは国際的に見ると明らかに低下しつつある。

○ 4.　読書を習慣づけるには、静かで一人になることのできる書斎がある方がよいが、実際の日本の住宅事情で書斎を確保することは現実的には不可能である。

○ 5.　いかに忙しい人も自分の好きなことのためには閑暇を作ることを知っている。読書の時間がないというのは読書しないための口実に過ぎない。

解答・解説 ▶ 別冊9ページ

目標解答時間

言語　問11

本文の趣旨と一致するものを後の1～5から選べ。

世界が至るところで大きい動きと変化とをみせている。今日から明日へかけて私たちの吸う空気の中に感じられている現代の波立ちは、その間からどんな文学を生み出して行くのだろう。

我が国でもよその国でも歴史を眺めると、いろいろの時代に文学はさまざまの解釈を下されて来ているが、それが人生の真のよろこびと悲しみとの姿を映したいと希（ねが）う人間の精神のあらわれであるということについては、どんな解釈も文学としてのその本質を否定することはできなかった。

世の中には随分巧みな宣伝文や広告があってひととおり人々の目をひきつけるが、それが文学でないということは、誰でも心の底では知っていることである。本当の立派な文学というものは、その作品の中に描き出されている世界に私たちが自分の心をひきつけられて、その中に自分のものであって自分には表現することが出来ずにいた数々の思いを見出してゆき、それによって新しく人生を考えさせられ、感動させられてゆくものだと思う。

私たちの生きてゆく歴史の中で、変わらずにいることは全くあり得ない。私たちが、忠実に現代の日本の辛苦と努力とを経て生きてゆけば、私たちの文学はいつしか変わって来ざるを得ないのである。しかし、文学についてそのような変化を云う場合、どんなに変化の大きさが云われてもやはり文学の本質から離れて考えることは不可能である。

出典　宮本百合子「古典からの新しい泉」より

○ 1.　大きく世界が変化し、さまざまな分野で新体制が取り入れられている。宣伝文や広告の表現も巧みになりつつあるが、日本独自の文学は変わる必要はない。

○ 2.　文学と宣伝文や広告のようなものとは、言葉を使うという点では同じだが価値が全然違うものであり明確に区別するべきである。

○ 3.　世界が変化すればそれに伴い文学も変化していくが、自分の生きる道を考え心を動かしてくれるものだという本質は変わらない。

○ 4.　私たちの幸せや喜びは文学から生まれていく。新しく人生について考え、感動を与えてくれる文学は、私達に必要なものである。その文学が今大きく変化している。

○ 5.　私の中に存在しているが、うまく表現できなかったことを文学は明確に示してくれる。私が成長していくにつれ必要となる文学も変化していく。

解答・解説 ▶ 別冊10ページ

目標解答時間

言語　問12

次の文章の筆者の主張と一致するものを後の1～5から選べ。

日本人は「自分は無宗教だ」と思っている人が多いそうだ。しかし、もし海外の人に尋ねられて「無宗教だ」と答えたとしたら、それは「私は心のない人間だ」と同意で距離を置かれる。軽蔑されることもある。そもそも正確には「無宗教」ではない。「無」というのなら全否定しているはずである。しかし実際には、よく知らない宗教でも容易に拒否や批判を示すことはない。むしろ、「多宗教」とか「全宗教」と言うべきだと私は考えている。クリスマスにサンタの話をして、数日後には寺から聞こえてくる除夜の鐘に厳かな気持ちになり、その翌日には神社で手を合わせる。結婚の誓いは教会でする人も多いし、落とし物のお守りを見つけたら踏みつけたりはしない。海外で宗教的な建築物があればそこでは敬虔な態度で失礼のないように自然と振る舞う。日常の中で「運」や「縁」を信じているし「神様お願い」と言ったり「バチが当たった」と言ったり、ここぞというときには祈る。自分の力以外の要素である不思議な力が良くも悪くも作用すると信じていることが自然すぎて特別意識していないだけなのである。その自分の力を超えた要素を何か名前をつけて「神」と表現するかしないかだけの話である。

海の魚を食べる、魚を獲れた感謝の気持ちを持つ。山できのこが採れた、米が実った、飲める水を得られた…、そのような自然の恵みに感謝する際、そこに神が宿ると考え、感謝してきた。アニミズムは日本独自のものでは決してないが、日本には昔から「やおよろずの神」がいると言う。「やおよろず」は「八百万」と書く。感謝する気持ちの対象として神様という存在を八百万と表現したのだ。そう考えるとやはり「無宗教」というのは違和感がある。また「自分は無宗教」と言う人と距離を置く海外の人の感覚も理解できる。

○ 1. 日本人の多くは自分は「無宗教である」と言うが、これは海外の人には自分の宗教を否定されたと誤解され距離を置かれるので避けた方がよい。

○ 2. 日本人は、クリスマスにサンタの話、年末には寺の除夜の鐘、正月には初詣と、すべての宗教をイベント化して軽く考えているので海外からは軽蔑されている。

○ 3. 日本人は無宗教と言いつつ、実は多くの宗教を日常の中で取り入れている。海外からの批判ももっともで、真摯に考え一つに絞っていく必要がある。

○ 4. 日本人の自然の恵みに感謝する気持ちから生まれたアニミズムは、今は世界各地に広がっている。

○ 5. 日本人は、昔から自然の恵みに感謝し、運や縁など自分の力を超える要素の作用を信じている。そのような姿勢を持ちつつ「無宗教」と言うのは不適切である。

解答・解説 ▶ 別冊11ページ

目標解答時間

計数　問1

次のうち正多面体の展開図となっているものはいくつあるか。

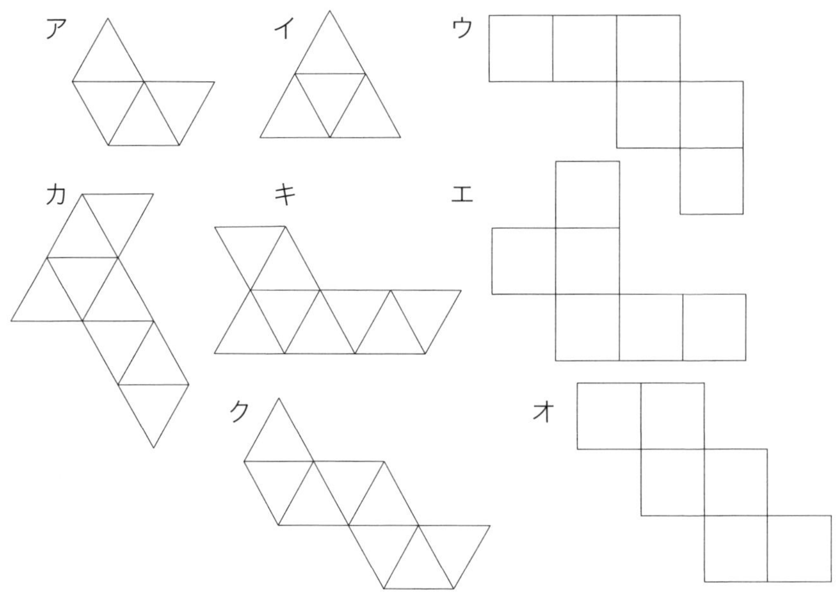

○ 1.　0 個

○ 2.　1 個

○ 3.　2 個

○ 4.　3 個

○ 5.　4 個

目標解答時間

計数　問2

A～Fの6人は、次の図のような3階建てのマンションのいずれか1つの部屋に住んでいる。6人にはそれぞれ小学校1年～6年の異なる学年の小学生が1人ずついる。次のことがわかっているとき、Aは何号室に住んでいるか。

・Bの西側の隣には小学2年生の子どもがいて、Bのすぐ上の階にはFが住んでいる。
・Cのすぐ下の階にはEが住んでいる。
・小学1年の子どもがいる人は、すぐ下の階にはDが住んでいて、西側の隣の人には小学3年生の子どもがいる。
・小学4年の子どもがいる人は101号室に住み、残りの5人のうちもう1人だけが同じ階に住んでいる。
・小学6年の子どもがいる人は3階に住んでいる。

	3階	301	302	303	304	
西	2階	201	202	203	204	東
	1階	101	102	103	104	

○ 1.　101 号室

○ 2.　103 号室

○ 3.　202 号室

○ 4.　203 号室

○ 5.　302 号室

解答・解説 ▶ 別冊 12-16 ページ

目標解答時間

計数　問3

正十二面体の頂点の数と正二十面体の辺の数の和はいくらになるか。

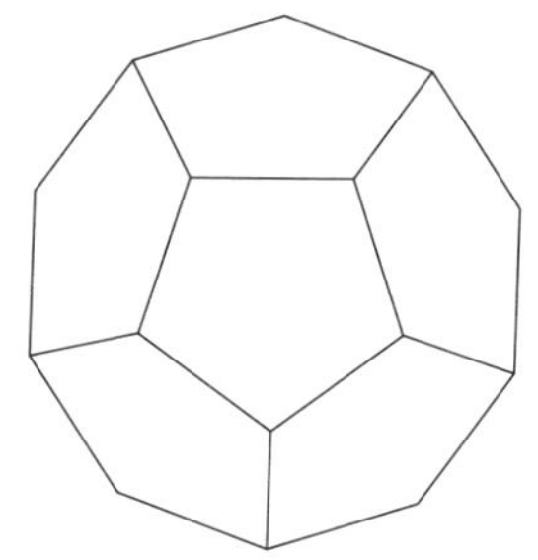

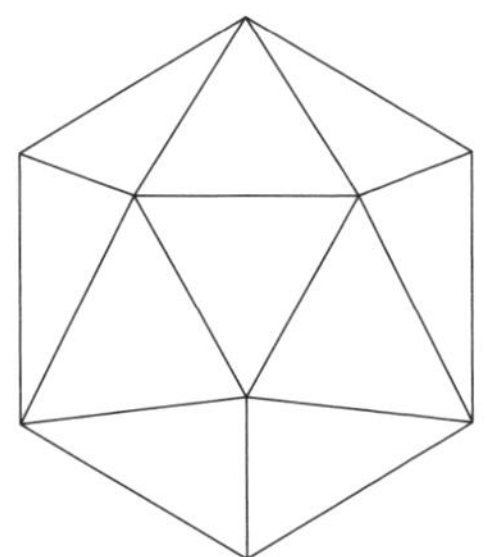

○ 1.　32

○ 2.　42

○ 3.　50

○ 4.　52

○ 5.　60

目標解答時間

計数　問4

A～Fの６人が、リーグ戦方式で試合を行った。引き分けはなく同率もなかった。次のことがわかっているとき、正しくいえるものはどれか。

・FはAとCに勝ち、Dに負けた。
・DはAとCに勝った。
・Cは１勝４敗でAよりも順位が下であった。
・Bは全勝した。

○ 1.　CはAに勝った。

○ 2.　Dは４勝１敗であった。

○ 3.　DはEに負けた。

○ 4.　EはCに勝った。

○ 5.　Fは２勝３敗であった。

解答・解説▶別冊16-19ページ

目標解答時間

計数　問5

８個の小立方体を積み重ねて図のような大立方体をつくり、３点P、Q、Rを通る平面で大立方体を切断した。色がついている立体部分の切り口の図形として正しいのはどれか。

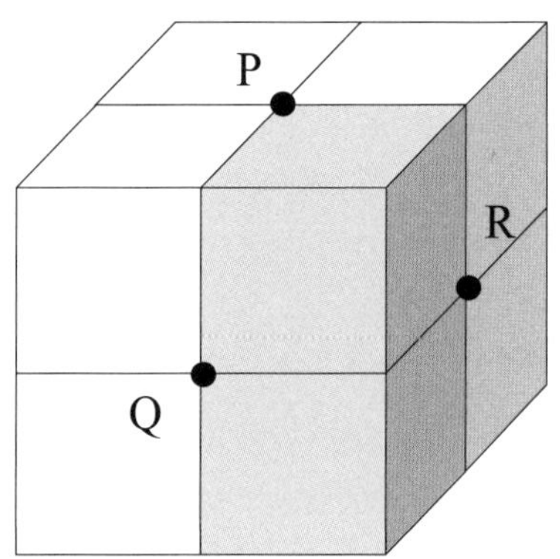

○ 1.　正三角形

○ 2.　台形

○ 3.　ひし形

○ 4.　五角形

○ 5.　正六角形

目標解答時間

計数　問6

ある外国語学校の40人のクラスで、英語、フランス語、イタリア語の3種類の言語について調査した。

・英語を話せる人は33人
・フランス語を話せる人は28人
・イタリア語を話せる人は21人

これらの3言語のうちどれも話すことができない人はいなかった。以上のことから確実にいえることはどれか。

○ 1.　英語とフランス語の両方を話せる人は少なくとも23人いる。

○ 2.　英語とイタリア語の両方を話せる人は少なくとも15人いる。

○ 3.　フランス語とイタリア語の両方を話せる人は少なくとも11人いる。

○ 4.　英語とフランス語とイタリア語を3つとも話せる人は少なくとも2人いる。

○ 5.　英語とフランス語とイタリア語を3つとも話せる人数の最大値は21人ではない。

解答・解説 ▶ 別冊 20-24 ページ

目標解答時間

計数　問7

次の軌跡は、1～5の図形のうちのどれかが直線l上をすべることなく回転したとき、その図形の点Pが描いたものである。その図形はどれか。

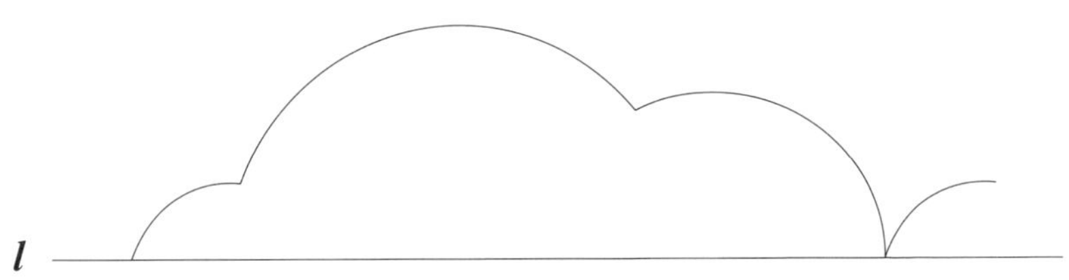

○ 1.

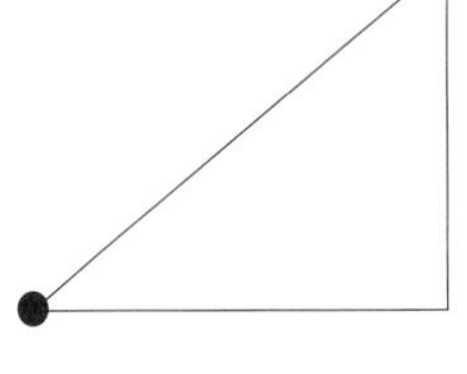

○ 2.

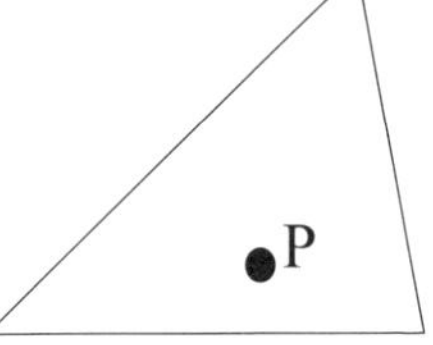

○ 3.

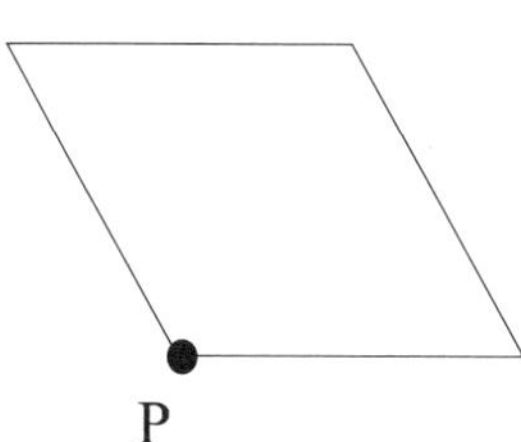

○ 4.

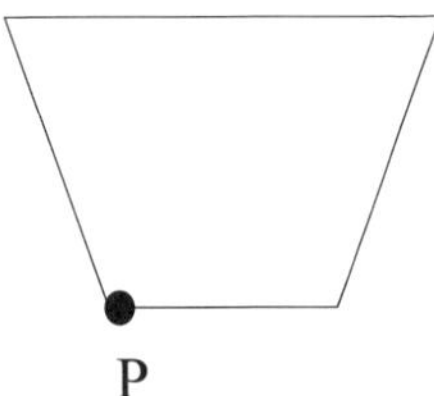

○ 5.

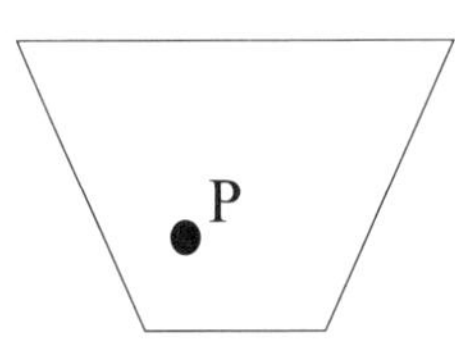

目標解答時間

計数　問8

ア～カの６人の年齢について、次のことがわかっている。

アはエより年上で、オより年下である。
ウはカより、イはアより年上である。

年齢が上から４番目のものが確実に決まるには、あとどの条件が加わればよいか。

○ 1.　ウはエより年下である。

○ 2.　アはウより年上である。

○ 3.　オはカより年下である。

○ 4.　イはカより年下である。

○ 5.　イはウより年上である。

解答・解説▶別冊25-29ページ

目標解答時間

計数　問9

P～Sの４人の学生がある試験を受験し、試験の結果について４人はそれぞれ次のように話した。

P「Sは不合格だった」
Q「PとSは2人とも合格した」
R「合格しなかったのはQとSである」
S「Rは合格しなかった」

４人中２人が合格し、合格した者だけが本当のことを話したとすると、これらのことからいえるのは、次のうちどれか。

○ 1.　PとQは合格した。

○ 2.　PとRは合格した。

○ 3.　PとSは合格した。

○ 4.　QとRは合格した。

○ 5.　QとSは合格した。

目標解答時間

英語　問1

次の長文を読んで、設問に答えなさい。

Accompanying the rise of smartphones in Japan, reports of trouble caused by people operating their phones while on the move have surfaced. Recently in Tokyo, a young woman looking at her smartphone suddenly fell from a station platform onto the tracks, while a man operating his smartphone bumped into someone waiting to cross a city street. In a separate incident, people waiting to pass through a JR station ticket gate were surprised to discover that they were being held up by someone who had stopped to use a smartphone.

An investigation by the Ministry of Land, Infrastructure, Transport and Tourism uncovered 11 incidents in the (a) year in which people fell from station platforms while using their mobile phones. In the (b) year in next, there were 18 such incidents. In each year one person was injured. Of course, these are merely the reported cases. It's likely even more have occurred. Fifth-grade elementary school boy using a mobile phone was injured when he tumbled from a platform at Station in Tokyo's Shinjuku Ward. East Japan Railway Co. (JR East) now broadcasts messages and displays posters urging people to take care.

Katsumi Tokuda, a professor at the University of Tsukuba, conducted a survey of 650 students who commuted by train in the Tokyo and Osaka regions. Over 60% said they had either bumped into or nearly bumped into people who were using smartphones. The most common location for such run-ins was train stations. Fifteen of the students had suffered bruises or other injuries as a result.

解答・解説▶別冊29-31ページ

Looking at a smartphone while on the move could be compared to dragging one's private space into the public realm. Wanting to reply quickly to an email and other prompts is clearly a reason. But we do not live alone in a world without other people. Perhaps user's consideration for other people is declining. However, imposing legal regulations, like those that have banned smoking on street, is a final resort. First, we must inform people about the issue and appeal for cooperation, addressing the issue with self-awareness and good manners.

Q1 What do the incidents mentioned in Paragraph 1 have in common?

○ 1. They were all caused by young people using smartphones.
○ 2. They all took place at Japanese rail stations.
○ 3. In all of them, people were using smartphones in public places.
○ 4. In all of them, there were signs warning people to be careful on the platform.

Q2 Which of the following words are in (a) and (b)?

○ 1. new
○ 2. last
○ 3. special
○ 4. financial

Q3 Which of the following was NOT discovered by the investigations described in Paragraphs 2 and 3?

○ 1. A schoolboy was injured when he fell from a platform at JR Yotsuya Station while using a mobile phone.

○ 2. Over 60% of students used smartphones while commuting by train in the Tokyo and Osaka regions.

○ 3. Over the past two years, there have been 29 reports of people falling from platforms while using mobile phones.

○ 4. Someone was injured by falling from a station platform while using a mobile phone.

Q4 According to Paragraph 4, people use their smartphones while moving because they ___.

○ 1. are concerned about their private space.

○ 2. wish to answer email without delay.

○ 3. have consideration for other people.

○ 4. think it is very efficient.

解答・解説▶別冊32-36ページ

Q5 Which of the following options expresses the most important message of the passage?

○ 1. We need to alert children to the risks of using smartphones while traveling to school.

○ 2. We need to teach young people about self-awareness and good manners so that they will be less inclined to buy smartphones.

○ 3. We need to make people aware of the dangers of using smartphones in public places and encourage them to be considerate of others.

○ 4. We need to impose strict laws to control smartphone use by people on the move to secure the safety of the elderly.

目標解答時間

英語　問2

次の長文を読んで、設問に答えなさい。

A new tax for plastic bags was introduced in England. Specifically, shoppers are charged 5 pence for every new plastic bag they use in England. This tax applies only to supermarkets or other stores with 250 or more full time employees. There are exceptions to the tax though, that includes plastic bags given at airport shops or on board trains, planes or ships. Also, paper bags are not included either wherever they are offered.

The idea itself is not a new one. In fact, England was the last to start charging for plastic bags among the four countries making up the United Kingdom. In England, the number of plastic bags used was regarded as a problem because the number had been steadily increasing before the introduction of the tax. The government thought that introducing a 5-pence charge would stop people from getting new plastic bags and encourage them to use their old ones.

A study about the effect of the plastic bag charge on English people was conducted by researchers at Cardiff University. They observed shoppers in eight supermarkets both before and after the charge was started. This is because they wanted to find out the difference in the attitudes and behaviors of English people toward disposable plastic bags. They also interviewed 50 people and asked them to keep a diary.

The researchers found that around 90% of people in England now often or always carry their own bags when going shopping for food, and that the number of new plastic bags used in supermarkets and other shops in England has dropped to 85%. Furthermore, more people have

解答・解説▶別冊36-37ページ

tried to be friendlier to the environment since the introduction of the tax. In response to these results, the researchers say that the plastic bag charge has been so successful that the government may be considering charging similar taxes on plastic bottles and single use coffee cups.

Q1 Which of the following is correct as stated in Paragraph 1 ?

○ 1. England started charging a tax on plastic bags distributed at supermarkets and other stores.

○ 2. England distributed eco-friendly shopping bags to be used instead of plastic bags.

○ 3. England created a plan to make use of plastic bags by recycling them into a new product.

○ 4. England banned the use of plastic bags on board trains, planes or ships in the country.

Q2 What is one thing that England wants its people to do ?

○ 1. To reuse old plastic bags when they go shopping.
○ 2. To know that other countries also have a similar tax.
○ 3. To vote for the introduction of the tax in the next election.
○ 4. To pay more tax money for getting new plastic bags.

Q3 According to Paragraph3, The researchers at Cardiff University ____.

○ 1. visited eight supermarkets to have individual interviews with clerks there.
○ 2. doubted that the new tax would have a great impact on the shopping behavior of English people.
○ 3. tried to analyze the reason why English people didn't use old plastic bags.
○ 4. wanted to see the contrast in English people's attitudes between before and after the new tax was started.

解答・解説 ▶ 別冊 37-41 ページ

Q4 According to Paragraph4, the researchers at Cardiff University think that the British government ____.

○ 1. expects that more people buy foods online rather than going to supermarkets and other shops.

○ 2. admits that the new tax has been less successful than they expected.

○ 3. perhaps has a plan in mind to start similar tax on disposable containers.

○ 4. does not have enough information to make a decision about how to deal with plastic products.

Q5 Which of the following options expresses the most important message of the passage?

○ 1. People in England have been frustrated since the introduction of the plastic bag tax.

○ 2. People in England have tried to be friendlier to the environment since the introduction of the plastic bag tax.

○ 3. The idea of introducing a tax on plastic bags is not new.

○ 4. Plastic bags have been reported to become marine waste and negatively impact marine life.

目標解答時間

性格テスト

各設問について、自分に最もあてはまる選択肢を１つだけ選んでください。

1 自信を持って取り組めることがない

よく あてはまる	やや あてはまる	どちらでも ない	あまり あてはまらない	まったく あてはまらない

2 困難な状況から逃れるために、気分転換をはかるようにしている

よく あてはまる	やや あてはまる	どちらでも ない	あまり あてはまらない	まったく あてはまらない

3 美しい景色を見ることで幸福感が得られる

よく あてはまる	やや あてはまる	どちらでも ない	あまり あてはまらない	まったく あてはまらない

4 仕事で集中するとすぐに疲れてしまう

よく あてはまる	やや あてはまる	どちらでも ない	あまり あてはまらない	まったく あてはまらない

5 トラブルがあってもあまり動じないほうである

よく あてはまる	やや あてはまる	どちらでも ない	あまり あてはまらない	まったく あてはまらない

6 問題解決が困難なときは、楽しかったことを考える

よく あてはまる	やや あてはまる	どちらでも ない	あまり あてはまらない	まったく あてはまらない

7 他人の失敗を強く責めてしまうことが多い

よく あてはまる	やや あてはまる	どちらでも ない	あまり あてはまらない	まったく あてはまらない

解答・解説 ▶ 別冊 41-44 ページ

8 問題を解決するために、ていねいに全体を調べあげる

○よく あてはまる　○やや あてはまる　○どちらでも ない　○あまり あてはまらない　○まったく あてはまらない

9 組織やグループの中にいても、自分はひとりであると感じる

○よく あてはまる　○やや あてはまる　○どちらでも ない　○あまり あてはまらない　○まったく あてはまらない

10 苦境に立たされているとき、現実から逃れようとする傾向にある

○よく あてはまる　○やや あてはまる　○どちらでも ない　○あまり あてはまらない　○まったく あてはまらない

11 周囲の人は、誰もが自分に対して好意的だと思う

○よく あてはまる　○やや あてはまる　○どちらでも ない　○あまり あてはまらない　○まったく あてはまらない

12 目上の人と話すときは、いつも緊張してしまう

○よく あてはまる　○やや あてはまる　○どちらでも ない　○あまり あてはまらない　○まったく あてはまらない

13 帰宅時は疲れきっていることが多い

○よく あてはまる　○やや あてはまる　○どちらでも ない　○あまり あてはまらない　○まったく あてはまらない

14 困難な状況に置かれた場合、誰かにそのことを話すようにしている

○よく あてはまる　○やや あてはまる　○どちらでも ない　○あまり あてはまらない　○まったく あてはまらない

15 欠点を人から指摘されると、気分を悪くしてしまいがちである

○よく あてはまる　○やや あてはまる　○どちらでも ない　○あまり あてはまらない　○まったく あてはまらない

16 問題が起きたときには、問題点を洗い出すことから取り組む

○ よく あてはまる　○ やや あてはまる　○ どちらでも ない　○ あまり あてはまらない　○ まったく あてはまらない

17 一人でも多くの人に好かれたいと考えている

○ よく あてはまる　○ やや あてはまる　○ どちらでも ない　○ あまり あてはまらない　○ まったく あてはまらない

18 解決が困難な問題は、時間が経てば解決すると考えている

○ よく あてはまる　○ やや あてはまる　○ どちらでも ない　○ あまり あてはまらない　○ まったく あてはまらない

19 困難な問題に対しても、自分から進んで取り組む

○ よく あてはまる　○ やや あてはまる　○ どちらでも ない　○ あまり あてはまらない　○ まったく あてはまらない

20 困ったときは、家族や知人らに意見を求めないで自分で考える

○ よく あてはまる　○ やや あてはまる　○ どちらでも ない　○ あまり あてはまらない　○ まったく あてはまらない

21 環境保護に力を入れている人に共感する

○ よく あてはまる　○ やや あてはまる　○ どちらでも ない　○ あまり あてはまらない　○ まったく あてはまらない

22 自分の意に沿わない考えを受け入れることはできない

○ よく あてはまる　○ やや あてはまる　○ どちらでも ない　○ あまり あてはまらない　○ まったく あてはまらない

23 難しい状況に置かれたら、その状況を俯瞰してみる

○ よく あてはまる　○ やや あてはまる　○ どちらでも ない　○ あまり あてはまらない　○ まったく あてはまらない

解答・解説 ▶ 別冊44ページ

24 一人で問題を抱えないで、まわりの人に相談する

○よく あてはまる　○やや あてはまる　○どちらでも ない　○あまり あてはまらない　○まったく あてはまらない

25 些細なことでも腹が立ち、平常心を乱してしまう

○よく あてはまる　○やや あてはまる　○どちらでも ない　○あまり あてはまらない　○まったく あてはまらない

26 問題が生じた際には、似た経験を持つ人の考えに倣う

○よく あてはまる　○やや あてはまる　○どちらでも ない　○あまり あてはまらない　○まったく あてはまらない

27 どうすることもできないときは、状況を見守る

○よく あてはまる　○やや あてはまる　○どちらでも ない　○あまり あてはまらない　○まったく あてはまらない

28 気持ちが落ち込むことが多い

○よく あてはまる　○やや あてはまる　○どちらでも ない　○あまり あてはまらない　○まったく あてはまらない

29 長時間立っているのが苦手である

○よく あてはまる　○やや あてはまる　○どちらでも ない　○あまり あてはまらない　○まったく あてはまらない

30 自分の意に沿わないとき、頭に血がのぼることがある

○よく あてはまる　○やや あてはまる　○どちらでも ない　○あまり あてはまらない　○まったく あてはまらない

31 問題を解決するときは、しっかり計画して実行する

○よく あてはまる　○やや あてはまる　○どちらでも ない　○あまり あてはまらない　○まったく あてはまらない

32 元気がなく、活力がないほうである

○よく あてはまる	○やや あてはまる	○どちらでも ない	○あまり あてはまらない	○まったく あてはまらない

33 人のうわさ話をすることが好きである

○よく あてはまる	○やや あてはまる	○どちらでも ない	○あまり あてはまらない	○まったく あてはまらない

34 困難に直面したときには、無理に解決することはしない

○よく あてはまる	○やや あてはまる	○どちらでも ない	○あまり あてはまらない	○まったく あてはまらない

35 異性を見ると、思ったような言動ができない

○よく あてはまる	○やや あてはまる	○どちらでも ない	○あまり あてはまらない	○まったく あてはまらない

36 自分の未来は必ずしも明るくないと考えている

○よく あてはまる	○やや あてはまる	○どちらでも ない	○あまり あてはまらない	○まったく あてはまらない

37 何事においても結果が気になる

○よく あてはまる	○やや あてはまる	○どちらでも ない	○あまり あてはまらない	○まったく あてはまらない

38 知らない人に話しかけられるのが苦手である

○よく あてはまる	○やや あてはまる	○どちらでも ない	○あまり あてはまらない	○まったく あてはまらない

39 困難な状況を打破する際には、過去の経験を重視する

○よく あてはまる	○やや あてはまる	○どちらでも ない	○あまり あてはまらない	○まったく あてはまらない

解答・解説 ▶ 別冊 **44** ページ

40 寝ても疲れが取りきれない

よく あてはまる	やや あてはまる	どちらでも ない	あまり あてはまらない	まったく あてはまらない
○	○	○	○	○

41 他人をあざむくことは知らない人でもできない

よく あてはまる	やや あてはまる	どちらでも ない	あまり あてはまらない	まったく あてはまらない
○	○	○	○	○

42 天気がよい日には、気分が高揚する

よく あてはまる	やや あてはまる	どちらでも ない	あまり あてはまらない	まったく あてはまらない
○	○	○	○	○

43 対応できないような状況に陥ったら、状況が好転することを期待して待つ

よく あてはまる	やや あてはまる	どちらでも ない	あまり あてはまらない	まったく あてはまらない
○	○	○	○	○

44 困難な状況を克服するためには、多種多様な手段を試みる

よく あてはまる	やや あてはまる	どちらでも ない	あまり あてはまらない	まったく あてはまらない
○	○	○	○	○

45 得意でないことをすると疲れやすい

よく あてはまる	やや あてはまる	どちらでも ない	あまり あてはまらない	まったく あてはまらない
○	○	○	○	○

46 食事をする際は、常に栄養のバランスを考えている

よく あてはまる	やや あてはまる	どちらでも ない	あまり あてはまらない	まったく あてはまらない
○	○	○	○	○

47 初対面の人の前では、自分を出すことができない

よく あてはまる	やや あてはまる	どちらでも ない	あまり あてはまらない	まったく あてはまらない
○	○	○	○	○

48 複数の問題が生じた場合、解決しやすそうな問題から片付ける

○よく あてはまる　○やや あてはまる　○どちらでも ない　○あまり あてはまらない　○まったく あてはまらない

49 人生を振り返ると、後悔の念が先に立つ

○よく あてはまる　○やや あてはまる　○どちらでも ない　○あまり あてはまらない　○まったく あてはまらない

50 知らない人の前では、自分の力が出せないことが多い

○よく あてはまる　○やや あてはまる　○どちらでも ない　○あまり あてはまらない　○まったく あてはまらない

51 他人の態度やしぐさが気にさわることがある

○よく あてはまる　○やや あてはまる　○どちらでも ない　○あまり あてはまらない　○まったく あてはまらない

52 困難な状況に置かれたら、その分野に詳しい人に相談する

○よく あてはまる　○やや あてはまる　○どちらでも ない　○あまり あてはまらない　○まったく あてはまらない

53 厳しい状況に置かれた場合、自分では打開できないと思う

○よく あてはまる　○やや あてはまる　○どちらでも ない　○あまり あてはまらない　○まったく あてはまらない

54 引っ込み思案なほうだといわれる

○よく あてはまる　○やや あてはまる　○どちらでも ない　○あまり あてはまらない　○まったく あてはまらない

55 問題が起こっても、そのことを考えないようにする

○よく あてはまる　○やや あてはまる　○どちらでも ない　○あまり あてはまらない　○まったく あてはまらない

解答・解説 ▶ 別冊**44**ページ

56 困難な場面に直面した際は、趣味に興じて頭を冷やす

○ よく あてはまる ○ やや あてはまる ○ どちらでも ない ○ あまり あてはまらない ○ まったく あてはまらない

57 森や山などでは、爽やかな気分になる

○ よく あてはまる ○ やや あてはまる ○ どちらでも ない ○ あまり あてはまらない ○ まったく あてはまらない

58 気持ちが晴れていないことが多い

○ よく あてはまる ○ やや あてはまる ○ どちらでも ない ○ あまり あてはまらない ○ まったく あてはまらない

59 大事なイベントの前はとても憂鬱な気分になる

○ よく あてはまる ○ やや あてはまる ○ どちらでも ない ○ あまり あてはまらない ○ まったく あてはまらない

60 気になることがあると、それが気になって他のことが手に付かない

○ よく あてはまる ○ やや あてはまる ○ どちらでも ない ○ あまり あてはまらない ○ まったく あてはまらない

第4章 TG-WEB実力模試・B（新）型

実際のテスト形式に準じた模試です。TG-WEBの２つの種類のうち、比較的難度の低いB（新）型を解いていきましょう。

・言語…34問（制限時間７分）

・計数…36問（制限時間８分）

目標解答時間

言語　問1

次の文章を読み、筆者の主張と合致するものを選べ。

物理学の初歩の教科書を見ると、地球重力による物体落下の加速度は毎秒毎秒9.8メートルであると書いてある。しかしデパートの屋上から落とした１枚の紙は決してこの法則には従わない。重力加速度に関する物理の法則は、空気抵抗や風の横圧や偶然などの影響は抜きにして、重力だけが作用する場合の規準的な場合を捕えて言明しているのである。そうして、実測加速度から規準加速度を導出するためにいろいろさまざまの「補正コレクション」を要するのである。

これと同じように、新聞記事のうそも一種の「補正」と見れば見られないこともないような場合もたしかにありそうである。ただ不幸にしてこの場合には物理学の場合のように確実な物理の法則に準拠した「補正」の代わりに、個々の記者のいわゆる常識による類型化の主観的方便によるよりほかに１つもたよりになるような根拠がないから、いささか心細いと言わなければならない次第である。

セザンヌがりんごを描くのに決して一つひとつのりんごの偶然の表象を描こうとはしなかった、あらゆるりんごを包蔵する永遠不滅のりんごの顔をカンバスにとどめようとして努力したという話がある。科学が自然界の「事実」の顔を描写するのはまさにこのような意図によるものであろう。新聞記者が新聞紙上に日々の出来事を記載するにこの意図があるかどうかは明らかでないが、もしそういう意図があってそうしてそれを実行し成就しようとするならば新聞記者というものは、セザンヌやまたすべての科学者を優に凌駕（りょうが）すべき鋭利の観察と分析の能力を具備していなければならないことと思われるのである。新聞記者になるのもなかなか大変である。

出典　寺田寅彦「日本人の自然観」より

○ 1.　りんごの表現に努力したセザンヌは芸術家であったため自由にその手法を選択することができたが、物理学者や科学者は法則に基づいた客観的な説明が求められる。分野によって表現の手法は異なる。

○ 2.　新聞記者は、鋭い観察と分析能力を身に付けるべきだ。ときに物事を類型化し「補正」せざるを得ないこともあるというのであれば、その場合には記者個人の主観的方便によるものではいけない。

○ 3.　物理学の教科書、新聞記事、芸術作品など、人間の手によって生み出されたものの多くは補正されている。その補正の意図を読み取り理解することを放棄してはならない。またその一方で、新聞記者は現実を正しく表現する大変さと向き合うべきである。

○ 4.　物理学の教科書に書かれている数値は、さまざまな条件を抜いて単純化したもので、現実の現象とは一致しない。セザンヌの絵の表現は、科学者の論理的な説明を優に超えるものである。言葉で説明するのは大変である。

○ 5.　物理学、新聞記事、絵画作品、どれにも作成した人間の意図が介在する。私たちは、その加えられた意図を取り除くように鋭く観察し分析して、現実とは別物になっている可能性もふまえて読み解く必要がある。

解答・解説▶別冊46-47ページ

目標解答時間

言語　問2

「激励」の同義語として妥当なものは、次のうちどれか。

○ 1.　拍手

○ 2.　叱咤

○ 3.　承認

○ 4.　心配

○ 5.　鼓舞

目標解答時間

言語　問3

「多様」の対義語として妥当なものは、次のうちどれか。

○ 1.　統一

○ 2.　基準

○ 3.　一致

○ 4.　画一

○ 5.　小勢

目標解答時間

言語　問4

「紺屋の白袴」の意味を最もよく表しているものは、次のうちどれか。

○ 1.　仕事は初心を忘れず行うべきであるということ。

○ 2.　仕事は専門家に任せるのが1番だということ。

○ 3.　服装によってよい人にも悪い人にも見えるということ。

○ 4.　人を見た目で判断してはいけないということ。

○ 5.　他人のことに忙しくて、自分のことに手が回らないこと。

目標解答時間

言語　問5

「屈指」の同義語として妥当なものは、次のうちどれか。

○ 1.　突出

○ 2.　有数

○ 3.　屈服

○ 4.　屈託

○ 5.　有志

解答・解説 ▶ 別冊 **47-48** ページ

目標解答時間

言語　問6

次の文章の要旨として最も適切なものはどれか。

「メンタルヘルス」とは精神的な健康という意味である。ストレスに押しつぶされて精神を病まないようにしよう、自分の心を癒すことについて考えようという記事や番組も多い。精神の健康を維持するために必要なのは何か。

逆を考えると浮かび上がる。例えば、周囲から自分の存在を無視されると大きなダメージを受ける。孤独は精神を蝕む。感覚が麻痺し、感情を失い、思考力も判断力も鈍くなり、通常なら耐えられる程度のこともネガティブに記憶されていく。その状態から正常に回復するのには時間を要する。完治する前に新たなダメージを受けると、精神はさらに疲弊し、回復は遅れ、悪循環に陥る。最悪の場合は、自死を選択することになる。

ワーキングプアを扱う番組で、三十代のホームレスの人が取材を受けていた。その男性は、公園で寝泊まりし、駅のゴミ箱の中から雑誌を拾って売って命をつないでいた。

彼は、相談をした市役所から月に数日の道路清掃の仕事を紹介された。作業中の彼に「ご苦労様」と声を掛けた人がいた。彼は目頭を押さえて泣いた。「前だったら泣いていない」と言った。働いて、人の役に立っているという実感、そしてそれを認めてくれる人の存在が、彼の普通の人としての感情を戻すスイッチになったのである。

「働く」というと、それこそがストレスのもとで精神の健康にはよくない、働かない方が幸せだと考える人もいるが、そうではない。まったく働かないと、自分が世の中に必要のない人間ではないかと虚無感に襲われる。自分の能力や身体を使って社会に役立つ活動をし、評価されたり対価が支払われたりすると、自分の存在意義を認識でき、自分は必要な人間だと実感できる。収入は、生活を支える基盤となるだけでなく、「自分が役に立っている」という実感となってその人の精神に大きな栄養となるのである。

○ 1.　「メンタルヘルス」とは、ストレスに押しつぶされ病む人が増えた現代に生まれた言葉である。自分に合ったストレスとの向き合い方を見つけるべきだ。

○ 2.　味方をしてくれる人、応援してくれる人がいたから頑張れたという経験をした人は多いと考えられる。身近な人との人間関係を大切にするべきだ。

○ 3.　孤独は精神を蝕み、感覚を麻痺させるものであるが、一方で役立つこともある。自分の成長のために一人で自分に何ができるのかを考えるべきだ。

○ 4.　働くことはストレスになることも確かにあるが、自分が社会に役立っていると実感し精神的な健康の維持に繋がるものである。

○ 5.　社会に出て働くということは多くの人にとってストレスを伴うものだ。しかし、生活の基盤となる収入を得ることは不可欠であるため、個々人の成長ややりがいに関係なく、働かなければならない。

解答・解説▶別冊49ページ

言語　問7

目標解答時間

「危惧」の同義語として妥当なものは、次のうちどれか。

○ 1.　懸念

○ 2.　危機

○ 3.　落胆

○ 4.　憔悴

○ 5.　嫌悪

言語　問8

目標解答時間

「快諾」の対義語として妥当なものは、次のうちどれか。

○ 1.　不快

○ 2.　辞退

○ 3.　固辞

○ 4.　破棄

○ 5.　破断

目標解答時間

言語　問9

「天衣無縫」の意味を最もよく表しているものは、次のうちどれか。

○ 1.　この世のものとは思えないほど美しい人や物のこと。

○ 2.　天然の素材でできた肌触りのよい美しい布のこと。

○ 3.　周囲に配慮せず自分勝手にふるまうこと。

○ 4.　詩や歌などに技巧のあとがなく自然で、完全に美しいこと。

○ 5.　物事を完全にするために最後の仕上げをすること。

目標解答時間

言語　問10

「損得」の同義語として妥当なものは、次のうちどれか。

○ 1.　損害

○ 2.　利益

○ 3.　利害

○ 4.　収支

○ 5.　営利

解答・解説 ▶ 別冊 50-51 ページ

目標解答時間

言語　問11

「総合」の対義語として妥当なものは、次のうちどれか。

○ 1.　分断

○ 2.　分解

○ 3.　分析

○ 4.　単元

○ 5.　部分

目標解答時間

言語　問12

「蛍雪の功」の意味を最もよく表しているものは、次のうちどれか。

○ 1.　とても苦労して勉強し、その末に成功すること。

○ 2.　自然の美しさは何物にも代えがたいこと。

○ 3.　少しの労力で大きな成果を得ること。

○ 4.　どのようなわずかなものにも光明があること。

○ 5.　失敗や過ちが偶然よい結果となること。

目標解答時間

言語　問13

「知己」の同義語として妥当なものは、次のうちどれか。

○ 1.　親戚

○ 2.　親友

○ 3.　自覚

○ 4.　克己

○ 5.　反省

目標解答時間

言語　問14

「過失」の対義語として妥当なものは、次のうちどれか。

○ 1.　必然

○ 2.　幸運

○ 3.　故意

○ 4.　拾得

○ 5.　超過

解答・解説▶別冊51-52ページ

目標解答時間

言語　問15

次の文章の筆者の主張と合うものを選べ。

　一定の理性を持つ者であれば悪や不正に関して拒否反応を示すものである。一方で、理想論や正論にも、ときに窮屈さや苦痛を感じる。反抗的な感情が湧き上がることもある。これはなぜか。

　ある高齢者福祉施設では日々の食事で健康上のリスクを下げようと、栄養バランスを計算し薄味の和食が提供されていたが、ある日、マンネリも気になった管理栄養士がジャンクフードをメニューに加えてみたところ好評だった。その後、利用者から頻繁にリクエストされ、健康調査の平均値も向上したという。たまにジャンクフードも存在する方が健康になったという。

　正しい事柄もそれが「日常」「当たり前」となると形骸化し、人の感覚は鈍る。さらにそれが他者からの強制や管理によるものであれば、人はそれに依存するかストレスに感じるかどちらかだ。依存した場合、自分で判断する機会がなくなり幼児化する。ストレスに感じる場合、精神的な負担は無気力につながり、思考力も身体的機能も低下する。いずれにせよ生命維持機能の低下、それは生物としては忌避すべき状態となる。

　主体性のある行動をするには、自己の判断による選択という過程が必要である。まったく選択肢のない環境には苦痛を感じ、たとえそこに悪や好ましくないものが含まれていたとしても選択肢のある環境は心地よく映る。他者からの強制にはそれがたとえ正しいものでも拒絶したくなる。これは、主体性を失わないためのいわば本能と言えるのではないか。正論の「正しさ」に対する嫌悪感ではなく、1つの正解を示し強く誘導される圧力によって、自分の選択肢と判断の場を奪われると感じることが理由なのかもしれない。また、時折、毒舌や悪のキャラクターに魅力を感じることも、画一的な世界への抵抗が作用しているのではないかと思えるのである。

○ 1. 誰しも悪や不正に対する嫌悪感を持っているが、同時に理想論や正論に対しても窮屈さを感じており、人の精神はこのような矛盾がはらんでいて複雑なものである。

○ 2. 薄味の和食ばかりを強制したことで健康を損ねたように、正しく見えて誤りの場合がある。「正しさ」や「理想」を装った誤情報を見破る判断力を身に付けることが必要だ。

○ 3. 教師や親からの正論に反抗したくなる感情は、思春期特有の精神的な成長に重要な役割を果たしている。保護者に反発して依存を否定することで、主体性が育つのである。

○ 4. 生物としての生命維持機能の活性化のためには、正しい秩序による選択肢の中から判断していく必要がある。自分の判断力を磨いていくことが人生には必要だ。

○ 5. 理想論や正論に反発したくなるのは、選択肢と自分の判断の機会が奪われ強制されていることへの抵抗であり、それは主体性を奪われないようにするためだと考えられる。

解答・解説 ▶ 別冊52-53ページ

目標解答時間

言語　問16

「豆腐に鎹」の意味を最もよく表しているものは、次のうちどれか。

○ 1.　少しの工夫で良くなること。

○ 2.　非常に頼りないこと。

○ 3.　味が変化すること。

○ 4.　手ごたえや効き目がないこと。

○ 5.　効果的であること。

目標解答時間

言語　問17

「粗雑」の同義語として妥当なものは、次のうちどれか。

○ 1.　混乱

○ 2.　杜撰

○ 3.　混迷

○ 4.　壊滅

○ 5.　雑然

目標解答時間

言語　問18

「隠微」の対義語として妥当なものは、次のうちどれか。

○ 1.　顕著

○ 2.　頻繁

○ 3.　大胆

○ 4.　確信

○ 5.　殺伐

目標解答時間

言語　問19

「泰然自若」の意味を最もよく表しているものは、次のうちどれか。

○ 1.　いつまでも若々しい精神を持つ様子。

○ 2.　大人であるのに幼稚な言動をする様子。

○ 3.　自分の意見を押し通す様子。

○ 4.　飾らず自然体で無邪気にふるまう様子。

○ 5.　何事にも動じず落ち着いている様子。

解答・解説 ▶ 別冊53-54ページ

目標解答時間

言語　問20

「介入」の同義語として妥当なものは、次のうちどれか。

○ 1.　関与

○ 2.　侵入

○ 3.　攻撃

○ 4.　介助

○ 5.　傍観

目標解答時間

言語　問21

「創造」の対義語として妥当なものは、次のうちどれか。

○ 1.　削除

○ 2.　死滅

○ 3.　固執

○ 4.　模倣

○ 5.　停滞

目標解答時間

言語　問22

「みそを付ける」の意味を最もよく表しているものは、次のうちどれか。

○ 1.　人の言動に文句を言うこと。

○ 2.　深い味わいを称賛すること。

○ 3.　余計なことをすること。

○ 4.　他人にとられないよう手を付けておくこと。

○ 5.　失敗して面目を失うこと。

目標解答時間

言語　問23

「機転」の同義語として妥当なものは、次のうちどれか。

○ 1.　機会

○ 2.　機密

○ 3.　心機

○ 4.　機先

○ 5.　機知

解答・解説 ▶ 別冊55-56ページ

目標解答時間

言語　問24

次の文章を読み、筆者の主張と合致するものを選べ。

読書は一種の技術である。読書の技術においてひとはめいめい発明的でなければならない。もちろんこの場合においても発明の基礎には一般的規則がある。

自分自身の読書法を見出すためには先ず多く読まなければならない。多読は濫読（らんどく）と同じでないが、濫読は明かに多読の一つであり、そして多読は濫読から始まるのが普通である。古来読書の法について書いた人は殆どすべて濫読を戒めている。多くの本を濫（みだ）りに読むことをしないで、一冊の本を繰り返して読むようにしなければならないと教えている。

それは、疑いもなく真理である。けれどもそれは、ちょうど老人が自分の過去のあやまちを振返りながら後に来る者が再び同じあやまちをしないようにと青年に対して与える教訓に似ている。このような教訓には善い意志と正しい知恵とが含まれているであろう。しかしながら老人の教訓を忠実に守って留まるような青年は、進歩的な、独創的なところの乏しい青年である。昔から同じ教訓が絶えず繰り返されてきたにも拘わらず、人類は絶えず同じ誤謬（ごびゅう）を繰り返しているのである。

濫読と博読とが区別されるようになる一つの基準は、その人が専門を有するか否かということである。一般的教養と専門とは排斥し合うものでなく、むしろ相補わねばならないものなのである。何か目的がなければ読書しないというのは読書における功利主義であって、このような功利主義は読書にとって有害である。目的のない読書、いわば読書のための読書というものも大切である。

これによってひとは一般的教養に達することができる。若い時代から手当り次第に読んだものの結果が一般的教養になるという場合が多い。一般的教養は目的のない読書の結果である。けれども当てなしに読んだものが身に付いて真の教養となるというには他方専門的な読書が必要である。

出典：三木清「如何に読書すべきか」

○ 1. 読書の技術はそれぞれ自分に合うものを見つけ出す必要があるが、若者は「濫読」をしがちである。老人達の知恵を含む教訓としてこれは無意味なので避けるべきだ。

○ 2. 読書の技術は各自が見つけ出すべきものであるが、目的のある専門的な読書と手当たり次第の読書とが互いに補完しあって意味あるものへとなっていくのである。

○ 3. 多くの老人が自分の過去を悔いて若者に知恵や真理を伝えている。しかし、それを忠実に守るだけでは青年は進歩できない。自分の道は自分で発明していくしか方法はない。

○ 4. 多読、濫読、博読、とにかく読書を多くしたり、人から忠告されたりしても、結局は自分で目的を持って経験しないと真の理解はできないものなのだ。

○ 5. 手当たり次第に読む「濫読」ではなく、目的を持って専門的な読書をする「博読」をするべきだ。より自分の利益に繋がり、有意義な読書を意識していくことが望ましい。

解答・解説 ▶ 別冊 56-57 ページ

言語　問25

目標解答時間

「陳腐」の対義語として妥当なものは、次のうちどれか。

○ 1.　絢爛

○ 2.　斬新

○ 3.　巧妙

○ 4.　高貴

○ 5.　優良

言語　問26

目標解答時間

「瓢箪から駒が出る」の意味を最もよく表しているものは、次のうちどれか。

○ 1.　ありえないこと。どう見てもつくり話であること。

○ 2.　昔話から得られる教訓のこと。

○ 3.　冗談で言ったことが実現すること。

○ 4.　低い確率でも幸運を信じなさいということ。

○ 5.　不意に意外なことが起こること。

目標解答時間

言語　問27

「悠長」の同義語として妥当なものは、次のうちどれか。

○ 1.　鷹揚

○ 2.　長期

○ 3.　延長

○ 4.　手軽

○ 5.　悠久

目標解答時間

言語　問28

「文明」の対義語として妥当なものは、次のうちどれか。

○ 1.　文化

○ 2.　貧困

○ 3.　戦争

○ 4.　歴史

○ 5.　野蛮

解答・解説▶別冊57-58ページ

目標解答時間

言語　問29

「一朝一夕」の意味を最もよく表しているものは、次のうちどれか。

○ 1.　規則正しく行うことが大切であるということ。

○ 2.　ごく短い時間、わずかな期間のこと。

○ 3.　よいことと悪いことはバランスよく起こること。

○ 4.　努力が不足していること。

○ 5.　一日中同じことを繰り返すこと。

目標解答時間

言語　問30

「高慢」の同義語として妥当なものは、次のうちどれか。

○ 1.　高貴

○ 2.　大胆

○ 3.　尊大

○ 4.　怠慢

○ 5.　高尚

目標解答時間

言語　問31

「興隆」の対義語として妥当なものは、次のうちどれか。

○ 1.　減少

○ 2.　滅亡

○ 3.　勃興

○ 4.　不興

○ 5.　幻滅

目標解答時間

言語　問32

「月夜に提灯」の意味を最もよく表しているものは、次のうちどれか。

○ 1.　共通点があるもののたとえ。

○ 2.　不必要なことのたとえ。

○ 3.　雰囲気を良くするもののたとえ。

○ 4.　不釣り合いであることのたとえ。

○ 5.　その場にふさわしいもののたとえ。

解答・解説 ▶ 別冊 **58-59** ページ

目標解答時間

言語　問33

「歴然」の対義語として妥当なものは、次のうちどれか。

○ 1.　漠然

○ 2.　唖然

○ 3.　整然

○ 4.　公然

○ 5.　判然

目標解答時間

言語　問34

「目が利く」の意味を最もよく表しているものは、次のうちどれか。

○ 1.　注意してよく見ること。

○ 2.　良し悪しを見分ける力があること。

○ 3.　人が気付かないことに気付くこと。

○ 4.　周囲への気遣いができること。

○ 5.　ある分野に精通していること。

目標解答時間

計数　問1

次の表はある学校の入学試験における受験者数と合格者数を表したものである。この中で、不合格者数が最も多かった年は何年か。

	受験者数（人）	合格者数（人）
2016年	720	254
2017年	803	261
2018年	769	259
2019年	747	258
2020年	725	256

○ 1.　2016年

○ 2.　2017年

○ 3.　2018年

○ 4.　2019年

○ 5.　2020年

解答・解説▶別冊60-61ページ

目標解答時間

計数　問2

□にあてはまる数字はどれか。

□＝3/5

○ 1.　50%
○ 2.　60%
○ 3.　70%
○ 4.　80%
○ 5.　90%

目標解答時間

計数　問3

□にあてはまる数字はどれか。

□＝5/8

○ 1.　37.5%
○ 2.　42.5%
○ 3.　57.5%
○ 4.　62.5%
○ 5.　87.5%

目標解答時間

計数　問4

□にあてはまる数字はどれか。

□＝45/6

- ○ 1.　550%
- ○ 2.　650%
- ○ 3.　750%
- ○ 4.　850%
- ○ 5.　950%

目標解答時間

計数　問5

□にあてはまる数字はどれか。

□＝7/25

- ○ 1.　24%
- ○ 2.　26%
- ○ 3.　28%
- ○ 4.　32%
- ○ 5.　36%

解答・解説▶別冊61-62ページ

計数　問6

目標解答時間

下の表は, ある都市の地下鉄の料金表である。出張から帰ってきた人が、空港から乗車し、天神にある会社に寄ってから、再び地下鉄に乗って姪浜の自宅に帰ることにした。このとき、地下鉄料金は合計でいくらになるか。

姪浜												
200	室見											
200	200	藤崎										
260	200	200	西新									
260	260	200	200	唐町								
260	260	260	200	200	公園							
260	260	260	260	200	200	赤坂						
300	260	260	260	200	200	200	天神					
300	260	260	260	260	200	200	200	川端				
300	300	260	260	260	260	200	200	200	祇園			
300	300	300	260	260	260	260	200	200	200	博多		
300	300	300	300	260	260	260	260	200	200	200	比恵	
330	330	300	300	300	300	260	260	260	260	260	200	空港

○ 1.　330円

○ 2.　530円

○ 3.　560円

○ 4.　590円

○ 5.　660円

計数　問7

目標解答時間

□にあてはまる数字はどれか。

□－743＝7267

- ○ 1.　8000
- ○ 2.　8010
- ○ 3.　8020
- ○ 4.　8030
- ○ 5.　8040

計数　問8

目標解答時間

□にあてはまる数字はどれか。

7×9＝□÷3

- ○ 1.　183
- ○ 2.　185
- ○ 3.　187
- ○ 4.　189
- ○ 5.　191

解答・解説▶別冊63-64ページ

目標解答時間

計数　問9

□にあてはまる数字はどれか。

15＋39＝6×□

○ 1.　5
○ 2.　6
○ 3.　7
○ 4.　8
○ 5.　9

目標解答時間

計数　問10

□にあてはまる数字はどれか。

51－27＝4×□

○ 1.　5
○ 2.　6
○ 3.　7
○ 4.　8
○ 5.　9

目標解答時間

計数　問11

□にあてはまる数字はどれか。

19＋29＝8×□

- ○ 1.　5
- ○ 2.　6
- ○ 3.　7
- ○ 4.　8
- ○ 5.　9

目標解答時間

計数　問12

□にあてはまる数字はどれか。

□×9＝216÷6

- ○ 1.　2
- ○ 2.　3
- ○ 3.　4
- ○ 4.　6
- ○ 5.　7

解答・解説▶別冊64-66ページ

目標解答時間

計数　問13

□にあてはまる数字はどれか。

□×8＝72÷3

- ○ 1.　2
- ○ 2.　3
- ○ 3.　4
- ○ 4.　6
- ○ 5.　7

目標解答時間

計数　問14

□にあてはまる数字はどれか。

□×7＝196÷4

- ○ 1.　2
- ○ 2.　3
- ○ 3.　4
- ○ 4.　6
- ○ 5.　7

目標解答時間

計数　問15

□にあてはまる数字はどれか。

16＝（□－18）÷3

○ 1.　24
○ 2.　26
○ 3.　40
○ 4.　52
○ 5.　66

目標解答時間

計数　問16

□にあてはまる数字はどれか。

28＝（□－51）÷2

○ 1.　107
○ 2.　109
○ 3.　111
○ 4.　113
○ 5.　115

解答・解説▶別冊66-68ページ

目標解答時間

計数　問17

下の表は、東北の人口の多い上位20位までの都市を対象とした人口調査の結果である。この表から、東北には人口が20万人を超えている都市はいくつあるか。

東北の都市の人口（単位：人）

青森県		秋田県	
八戸市	222,173	秋田市	301,573
弘前市	164,831	横手市	85,253
青森市	272,752	山形県	
岩手県		鶴岡市	121,365
奥州市	112,538	酒田市	98,182
盛岡市	284,044	山形市	240,990
一関市	110,679	福島県	
花巻市	92,928	福島市	271,798
北上市	92,181	いわき市	312,779
宮城県		郡山市	318,526
石巻市	137,868	会津若松市	114,639
仙台市	1,062,285		
大崎市	126,264		

（人口：各県の令和４年４月調査）

○ 1.　６都市

○ 2.　７都市

○ 3.　８都市

○ 4.　９都市

○ 5.　10都市

計数　問18

目標解答時間 4秒

□にあてはまる数字はどれか。

21＝（□＋25）÷4

- ○ 1.　53
- ○ 2.　55
- ○ 3.　59
- ○ 4.　63
- ○ 5.　65

計数　問19

目標解答時間

□にあてはまる数字はどれか。

85＝（□＋39）÷2

- ○ 1.　87
- ○ 2.　91
- ○ 3.　125
- ○ 4.　131
- ○ 5.　147

解答・解説▶別冊68-69ページ

目標解答時間

計数　問20

□にあてはまる数字はどれか。

6×（□−7）＝84

○ 1.　16
○ 2.　19
○ 3.　21
○ 4.　23
○ 5.　24

目標解答時間

計数　問21

□にあてはまる数字はどれか。

4×（□−2）＝32

○ 1.　10
○ 2.　12
○ 3.　14
○ 4.　16
○ 5.　18

目標解答時間

計数　問22

□にあてはまる数字はどれか。

9×（□－11）＝153

○ 1.　24
○ 2.　26
○ 3.　27
○ 4.　28
○ 5.　29

目標解答時間

計数　問23

□にあてはまる数字はどれか。

18×（□－12）＝342

○ 1.　29
○ 2.　31
○ 3.　32
○ 4.　33
○ 5.　35

解答・解説▶別冊69-71ページ

目標解答時間

計数　問24

□にあてはまる数字はどれか。

□÷（17－4）＝15

- ○ 1.　180
- ○ 2.　187
- ○ 3.　192
- ○ 4.　195
- ○ 5.　204

目標解答時間

計数　問25

□にあてはまる数字はどれか。

□÷（29－11）＝18

- ○ 1.　324
- ○ 2.　347
- ○ 3.　380
- ○ 4.　394
- ○ 5.　430

目標解答時間

計数　問26

□にあてはまる数字はどれか。

□÷（21－7）＝21

○ 1.　234
○ 2.　247
○ 3.　280
○ 4.　294
○ 5.　330

目標解答時間

計数　問27

□にあてはまる数字はどれか。

□÷（43－37）＝34

○ 1.　180
○ 2.　187
○ 3.　192
○ 4.　196
○ 5.　204

解答・解説▶別冊71-73ページ

目標解答時間

計数　問28

下表は日本の47都道府県の中で、総面積の広い上位10道県を総面積の広い順に並べたものである。下表から、総面積が広い10道県のうち総人口が5番目に多いところはどこか。

都道府県	総面積（km^2）	総人口（人）
北海道	78421.36	5,181,776
岩手県	15275.01	1,196,277
福島県	13784.14	1,812,190
長野県	13561.56	2,033,181
新潟県	12583.95	2,176,879
秋田県	11637.52	944,902
岐阜県	10621.29	1,960,461
青森県	9645.62	1,221,288
山形県	9323.13	1,054,729
鹿児島県	9186.42	1,576,674

※人口：国勢調査平成27年度版による　面積：国土地理院令和4年版による

○ 1.　秋田県

○ 2.　岩手県

○ 3.　長野県

○ 4.　新潟県

○ 5.　福島県

目標解答時間

計数　問29

□にあてはまる数字はどれか。

3×6＋4＝□÷3

- ○ 1.　60
- ○ 2.　62
- ○ 3.　64
- ○ 4.　66
- ○ 5.　68

目標解答時間

計数　問30

□にあてはまる数字はどれか。

□×8－6＝84÷2

- ○ 1.　6
- ○ 2.　7
- ○ 3.　8
- ○ 4.　9
- ○ 5.　10

解答・解説 ▶ 別冊 73-74 ページ

目標解答時間

計数　問31

下のグラフはある日のテーマパークの時間帯別入場者数を表している。この日の入場者数が2000人を超えた時間帯はどれか。

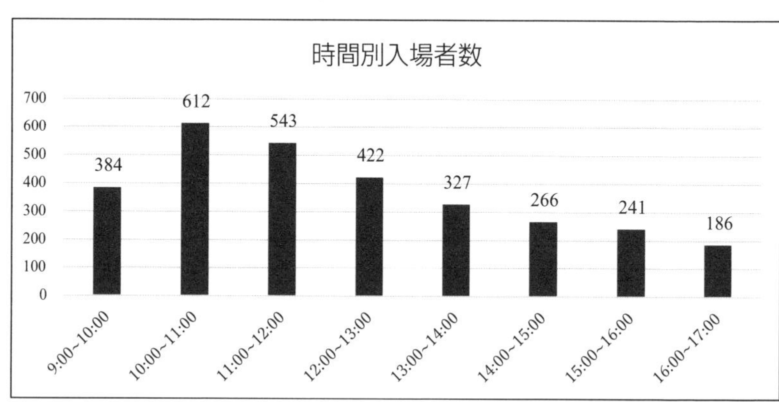

○ 1.　12：00～13：00

○ 2.　13：00～14：00

○ 3.　14：00～15：00

○ 4.　15：00～16：00

○ 5.　16：00～17：00

目標解答時間

計数　問32

□にあてはまる数字はどれか。

□×12－77＝56÷8

- ○ 1.　6
- ○ 2.　7
- ○ 3.　8
- ○ 4.　9
- ○ 5.　10

目標解答時間

計数　問33

□にあてはまる数字はどれか。

13×8－16＝□÷2

- ○ 1.　132
- ○ 2.　143
- ○ 3.　154
- ○ 4.　165
- ○ 5.　176

解答・解説▶別冊 75-76 ページ

目標解答時間

計数　問34

下の表は、ある検定試験の結果であり、受検者900名の成績を表している。満点が900点満点であり、合格者を点数の高いものから300名としたとき、最低得点で合格した受検者はどの範囲にいたと考えられるか。

成績（点）	人数	成績（点）	人数
（以上）（未満）		（以上）（未満）	
～500	45	700～725	128
500～525	18	725～750	77
525～550	32	750～775	59
550～575	47	775～800	38
575～600	35	800～825	24
600～625	42	825～850	12
625～650	63	850～875	8
650～675	88	875～900	1
675～700	183	計	900

○ 1.　625～650

○ 2.　650～675

○ 3.　675～700

○ 4.　700～725

○ 5.　725～750

目標解答時間

計数　問35

□にあてはまる数字はどれか。

15－□＝8÷2＋4

- ○ 1.　1
- ○ 2.　2
- ○ 3.　4
- ○ 4.　7
- ○ 5.　8

目標解答時間

計数　問36

□にあてはまる数字はどれか。

1012÷□＝92÷5

- ○ 1.　45
- ○ 2.　55
- ○ 3.　65
- ○ 4.　75
- ○ 5.　85

解答・解説 ▶ 別冊 **76-79** ページ

監修／Abuild就活（アビルドしゅうかつ）

戦略的就活塾。外資系投資銀行、外資系コンサルティング、国内大手など一流企業への内定者を続々と輩出する。「ABUILD」フレームワークを基軸とした徹底したカリキュラムにより、ワンランク上の即戦力内定を実現。内定を獲るだけでなく、社会人としても活躍できるスキルを身につけられると好評を得ている。無料就活カウンセリングも実施中。https://abuild-c.com/

◆執筆／荒井義明（計数）、栗巻翔（英語）、豊福千穂（言語）、
松本麻友（言語）、谷津明（性格テスト他）（以上、五十音順）
◆デザイン／松倉浩
◆DTP／阿部美恵子、中野孝信
◆編集協力／有限会社コンテンツ、嘉藤咲来
◆企画編集／成美堂出版編集部

本書に関する正誤等の最新情報は、下記の URL をご覧ください。
https://www.seibidoshuppan.co.jp/support/

上記 URL に掲載されていない箇所で、正誤についてお気づきの場合は、書名・発行日・質問事項・ページ数・氏名・郵便番号・住所・ファクシミリ番号を明記の上、**郵送**または**ファクシミリ**で成美堂出版までお問い合わせください。
※電話でのお問い合わせはお受けできません。
※本書の正誤に関するご質問以外はお受けできません。また受検指導などは行っておりません。
※ご質問の到着確認後 10 日前後で、回答を普通郵便またはファクシミリで発送いたします。
※ご質問の受付期限は、2025 年の 5 月末までとさせていただきます。ご了承ください。

スピード攻略Webテスト TG-WEB '26年版

2024年6月10日発行

監　修　Abuild就活（アビルドしゅうかつ）
発行者　深見公子
発行所　成美堂出版
〒162-8445　東京都新宿区新小川町1-7
電話(03)5206-8151　FAX(03)5206-8159
印　刷　株式会社フクイン

ISBN978-4-415-23853-1
落丁·乱丁などの不良本はお取り替えします
定価は表紙に表示してあります

スピード攻略
Webテスト

'26年版

TG-WEB

別冊

実力模試
解答・解説

矢印の方向に引くと別冊が取り外せます。

成美堂出版

別冊 CONTENTS

TG-WEB

実力模試・**A(旧)型**

解答・解説

言語 問1

正解:3

問題➡本冊 P.82

難易度/★★★

空欄の直前の部分の例が大きなヒントとなります。「学習や課題を手抜きしてもなんとかなる。限られた条件の中で知恵を絞り出さないといけない場面もめったになく、家ではほとんど動かずに電化製品の操作ができ、ゲームの中なら電車の運転もできるし超人的なヒーローにもなれる。好きなときに好きな動画を観て大概の場所で友達と連絡が取れる。」と具体例が書かれています。また、空欄の直後にある「放っておいたら本来身につくはずの力も育たない」とあるように本来身につくはずの力は何か? と考えていき、答えの確認をします。ここから、このような生活をしていたら「身につかない」力が空欄に適していると判断できます。

◆選択肢の検証

選択肢1/生命を維持する能力は、電化製品の操作やゲームや動画の影響で弱まったり強まったりする性質のものではないので不正解です。

選択肢2/直前に「友達と連絡が取れる」とあるので、ここで「身につかない力」を入れる空欄に「友情」は合いません。

選択肢3/正解です。学習や課題を手抜きすると、「我慢する力」がつきません。**「知恵を絞り出さないといけない場面がめったにない」から「工夫する力」がつかないと考えられます。**

選択肢4/この直前の例のような生活をやめても「経済力」とは直接結び付かないので不正解です。

選択肢5/直前のゲームの部分だけを見ればあてはまりそうですが、後の段落に「それは第四段階と第五段階の欲求を満たすために必要な力」とあることをふまえましょう。自分の限界を知るだけでは自己実現は叶いません。

速解のコツ

空欄補充問題では、空欄の前後を重点的に把握するようにし、接続詞やつなぎの言葉にも注目する。

言語 問2

正解：3

問題➡本冊 P.84

難易度／★★★

本文の大筋は以下の通りです。

・[話題]…トラブル。言葉とは厄介なものだ。伝えたつもりで情報不足。
・[例] …「いい」最大公約数的→正確・頑丈・清潔・豪華等。
・[要点] …だから、どうするとよいか。→〈誤解させないような明確な言葉を選んで使うべき〉というようなことを述べると考えられる。

悪い例とよい例を比較すると、筆者が何を言いたいのかつかみやすくなります。これらを検討した結果、選択肢３が正解だとわかります。

言語 問3

正解：5

問題➡本冊 P.86

難易度／★★★

本文の大筋は以下の通りです。

・[話題] …日本において科学の発達がおくれた理由とは？
・[理由] …日本は自然が多彩・恵み豊か・災害多い　⇔　海外は恵みが乏しい・暴威もゆるやか
日本は災害軽減・具体的方策・知恵　⇔　海外は自然を制御しようとする・分析的　→　方向性が違う。
日本の科学は西洋流の分析科学においては「おくれた」が、知恵を傾け、災害を軽減する具体的方策を練ってきた。

このような文脈であり、またこの後、日本人の「複雑な環境の変化に適応せんとする／努力」とあり、真摯な姿勢を評価していると読み取れます。さらに、空欄の直前に「〜存在しなかったとしても」とのニュアンスがあるため、**空欄には日本の科学について肯定的な内容が入るはずです。**選択肢５が正解です。

言語 問4

正解:3

問題➡本冊 P.88

難易度/★★★

全体を見て、**BとDが似ていることに注目**します。例であるこの2つのパーツは「これ〈は〉読みづらい」、「これ〈も〉読みにくい」という順になるはずですから、〈D→B〉という部分が確定します。そして、この例はCの「読点の数」の例であることから〈C→D→B〉となります。A・〈CDB〉・Eを整理しましょう。「日本語の文章における記号の中で」とあるEが始まり、「読点は…〈まず〉注意するべき」とあることからC、「〈また〉、読点の位置で…場合もある」Aと続くことが予想できます。〈E→CDB→A〉の順です。

よって〈E→C→D→B→A〉の順となり、選択肢3が正解です。

速解のコツ

共通する語や似ている部分を探す。2つの組み合わせが確定したら、残りの部分は選択肢の組み合わせを確認。

言語 問5

正解:5

問題➡本冊 P.90

難易度/★★★

各パーツの特徴をつかみましょう。

A)「頑張っていないと言うつもりは毛頭ないが」と批判しています。**この前に「本人が頑張っているつもり」の話があることが予想できます。**〈D→A〉

B)「子育て中のある親」と今回の主となる人が出てきているので1番目の可能性大。

C)「子育てに限らず」とあるので、子育ての話が全部終わってからこの文がくるはずです。また「〜べきだ。」と主張があることから最後の段落である可能性が高いです。

D）**「確かにその人が」と指示語があることに注目しましょう。**この前にこの「その人」が誰かという情報があるはずです。〈B→D〉

E）批判の後に、ではどうすればいいのかという流れとなると考え、〈A→E〉となります。また子育ての話が終わりますので、〈E→C〉となることも予想できます。

よって、〈B→D→A→E→C〉の選択肢5が正解です。

言語
問6

正解：4

問題➡本冊 P.92

難易度／★★★

全体を貫く「掃除」の話題ですが、**「お掃除ロボット」と「箒」の話とに分けてそれぞれのグループをつくると筋道が見えてきます。**

A）「『未来』だと感じ」とあるので「お掃除ロボット」グループだとわかります。ただ、このパーツには「お掃除ロボット」とは書かれていないのでそれが明確になってからAがくるはずです。

B）「お掃除ロボット」という言葉もありますが「昔ながらの道具を愛して大切に扱う」ともあります。両方あるので「まとめ」と考えられます。最後にきます。

C）**「さて」とあるので何かの話をしてから、話題を変えてこの段落となるはずです。**「昔ながらの掃除道具」「箒に雑巾」とあります。ここを読むと、「お掃除ロボット」が先で、その後に「昔・箒・雑巾」の話であることが推測できます。また、「興味深い話を見つけた」とあり、この後に箒のエピソードが続くことも予想できます。

D）「お掃除ロボット」とはどういうものか説明しています。〈D→A〉が確定します。

E）「〜と、昔の人は考えたのではないか」とあることから「箒」のグループです。「愛情を持って扱うと道具の方も人間に応えてくれる」という部分はどことつながるか考えます。

F)「妊婦のお腹を〈これ〉でなでると」「魔女は〈これ〉に乗って空を飛ぶ」とあるので〈これ〉が箒であるとわかります。よって〈C→F〉が確定します。また、Eがこの話の後につながりそうです。

〈お掃除ロボットの話、名前をつけるエピソード〉→〈昔ながらの道具の話、大切にすると応えてくれる〉→〈こう考えると…名前をつけるのも納得/まとめ〉となるようにします。

よって、〈D→A→C→F→E→B〉の選択肢4が正解です。

速解のコツ

選択肢の中に指示語がある場合は、指示語の指す内容を検証しよう。順を確定する大きなヒントとなる。

言語 問7

正解:4

問題➡本冊 P.94

難易度/★★★

本文に出てくるキーワードの要旨を整理しておきます。

・「体感時間」…子どものころに感じていた体感時間より、大人は速く感じている。

・「慣れ」…大人になればなるほど、期待や不安といった新鮮な感覚がなくなるので、新しいことにチャレンジすることが大事である。

◆選択肢の検証

選択肢1/第1段落で、「子どもから大人に成長するにつれて、体感時間というものは劇的に変化する」という記述がありますが、訴えたいわけではありません。

選択肢2/日々の生活を充実して送っているかどうかに関する記述は本文中にないため、まったく関係がありません。したがって要旨として妥当ではありません。

選択肢３／第２段落は、第３段落の冒頭でも述べられているとおり、加齢に対して若干悲観的な言い方をしています。しかし**選択肢の「大人になると、知らないことがない」とは本文中には述べられていません。**

選択肢４／先に整理した要旨に合致しています。したがって要旨として妥当です。

選択肢５／大人で「常に子どものような体感時間を維持している」というような記述は本文には見当たりません。

言語
問8

正解：5

問題➡本冊 P.96

難易度／★★☆

本文の要旨を整理しておきます。

・ＳＦ小説とはどういうものか、例を複数挙げて一言では説明できなくなっていることが述べられている。論争になることが多く、決着がつかない。
・複雑化・多様化する定義を区別するのは困難で、もう深入りしないようになりつつある。
・だが、なんでもありというわけではない。**SF小説には何が必要か→科学的合理性のある説明、不自然さを感じさせないような緻密な説明、リアリティ**。これらがあってこそ架空のエピソードが魅力的になる。

◆選択肢の検証

選択肢１／前半は正しいのですが、筆者は「定義づけ」を「遵守」させようとは述べていません。

選択肢２／「科学的知識や社会常識」を持たない「創造的な世界観」だと、筆者の述べていた「リアリティ」や「合理性」からかけ離れたものも含まれるので不正解となります。

選択肢３／SF小説の定義について区別が困難と述べていたので、「正しい」「間違っている」というジャッジはできないはずです。不正解。

選択肢４／本文の内容にはない情報が含まれています。このような本文を逸脱した内容や拡大解釈の選択肢は不正解です。
選択肢５／先に整理した要旨に合致します。正解です。

言語
問９

正解：2

問題➡本冊 P.98

難易度／★★★

本文のキーワードの要旨を整理しておきます。

・「レジリエンス」…さまざまな分野で使われるようになっている。**どの分野でも共通して「回復する力」というキーワードとして使われていることを読み取りましょう。**
・「物理学」…復元する力、弾力。
・「生態学的」…環境汚染などから回復する能力。
・「心理学」…トラウマから立ち直る力。精神的回復力。
・「経営学・組織論・災害からの復興」…苦しい状況から立ち直る、回復する力。

◆選択肢の検証

選択肢１／後半「使う分野で微妙に意味が異なる」が間違いです。
選択肢２／**さまざまな分野で「レジリエンス」という語が使われている点と、その中でも心理学での話がメインとなっている点が押さえられています**。正解です。
選択肢３／心理学の一部分とよく似た内容ではあります。ですが、「回復することがある」という方がこの文章の要点であり、不正解です。
選択肢４／本文の一部にある内容と似ていますが、苦痛から立ち直るのは「特別な精神構造の人」という点が違います。また話題である「レジリエンス」に触れていません。
選択肢５／本文に書かれていない内容が含まれています。本文に「～するべきだ」という主張はありません。拡大解釈や感想を含むものは正解にはなりません。

言語　問10

正解：1

問題➡本冊 P.100

難易度／★★★

本文の要旨を整理しておきます。

・[読書をすることの意義]…**読書をするための時間を、時間に追われる日常から割くことにより、生活を整理することができ、落ち着きを取り戻すことができる。**

・[背景]…忙しい現代人の日々の生活と、読書をすることを習慣としていない生活スタイル。

・[対策]…どれだけ忙しくても、自分の好きなことのためには閑暇を作れる。できるだけ早い段階で読書を習慣にすることが大事。

◆選択肢の検証

選択肢１／先に整理した要旨に合致します。よって正解です。

選択肢２／「人は、単に義務からのみ、あるいは単に興味からのみ、読書し得るものではない。習慣が実に多くのことをなすのである。」という本文の内容に反しています。

選択肢３／日本の教育レベルは国際的に見ると明らかに低下しつつある、ということは書かれていません。

選択肢４／読書を習慣づけるには、静かで一人になることのできる書斎がある方がよいが、実際の日本の住宅事情で書斎を確保することは現実的には不可能であるという記述はありません。

選択肢５／**内容的に、本文に記されている内容ではありますが、本文の趣旨とはいえません。**

速解のコツ

ポイントを何点かに分けて複数述べている場合もある。その場合は、わずかな語句だけで判断しないこと。

言語
問11

正解：3

問題➡本冊 P.102

難易度／★★★

本文の要旨を整理しておきます。

・世界が大きく変化している。どんな文学が生み出されるか。
・文学→人生の真のよろこびと悲しみとの姿を映したいと希（ねが）う人間の精神のあらわれ。
・巧みな宣伝文や広告→人々の目をひきつけるがそれは文学ではない。
・本当の立派な文学→作品の世界に自分の心をひきつけられて、自分には表現することができずにいた数々の思いを見出す。新しく人生を考えさせられ、感動させられてゆくもの。
・私たちの生きてゆく歴史の中で、変わらずにいることはまったくあり得ない。日本の文学も変わって来ざるを得ない。しかし、**どんなに変化が大きくても文学の本質から離れることは不可能。**

◆選択肢の検証

選択肢１／日本独自の文学は「変わる必要はない」の部分が、「私たちの文学はいつしか変わって来ざるを得ない」という本文の内容と合いませんので、不正解です。

選択肢２／本文にこの内容は含まれていますが、ごく一部であり、本筋である「文学は変化していくが、本質は変わらない」という点についての説明がありません。

選択肢３／世界が変化し、文学も変化するが、**人生を考えさせられ、感動させられる本質は変わらないという意味で正解**です。

選択肢４／「私たちの幸せや喜びは文学から生まれていく」の部分が違います。文学から生まれるわけではなく、「文学を読む」ことで自分が表現できなかった思いを見出すと述べています。

選択肢５／筆者のごく個人的な視点での説明となっている点、個人の成長で必要となる文学が変わるという点も違います。

言語 問12

正解：5

問題➡本冊 P.104

難易度／★★☆

本文の要旨を整理しておきます。

・「自分は無宗教だ」と言う日本人→海外の人からすると「心のない人間」と同意で軽蔑対象。

・「無宗教」ではなく「多宗教」「全宗教」に近いのではないか。さまざまな例を根拠に。
自分以外の不思議な力、運、縁の作用をごく自然に信じている。特別意識していないだけ。

・**アニミズム、八百万の神。自然の恵みに感謝する気持ち。→やはり「無宗教」とは違う。**

◆選択肢の検証

選択肢１／海外の人に距離を置かれる理由が本文の内容とは違います。

選択肢２／「すべての宗教をイベント化して軽く考えているので」の部分が違います。

選択肢３／「真摯に考え一つに絞っていく必要がある」という話はありません。

選択肢４／「アニミズムは日本独自のものでは決してない」とは書いてありましたが、日本発祥でもないですし、世界各地に広がっているとも書いていません。

選択肢５／先に整理した要旨に合致します。正解です。

速解のコツ

消去法的に、ズレや間違いを含む選択肢をのぞいていき、最終的に筆者の主張に合致するものを選ぶ。

計数
問1

正解：5

問題➡本冊 P.106

難易度／★★★

展開図の問題では、立体と展開図の特徴（本冊46ページ）に則って展開図を変形することができます。まず、**自分の見やすい形に変形しておくとよいでしょう。**

また、**平行な面（対面）がある場合は必ずチェックするようにします。**これでほとんどの場合、正解が絞られてしまいます。

◉正四面体の展開図

右図のように2種類あります（①正三角形型と②4枚一列型）。正六面体でも見ましたが、「立体と展開図の関係」がここでも成り立ちます。ちなみに正四面体には平行な面（対面）はありません。

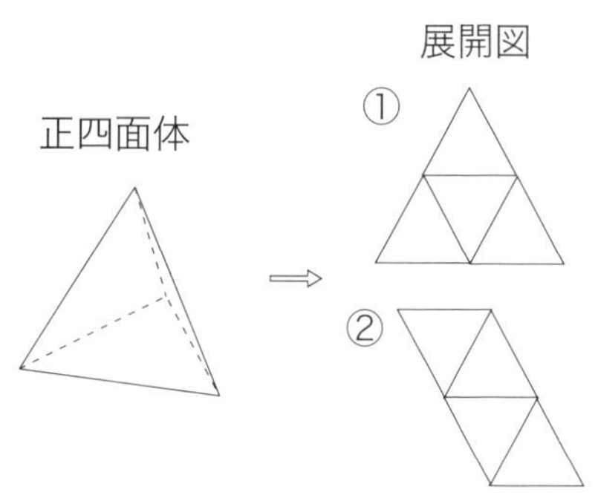

◉正八面体の展開図

基本4パターン（③6枚一列型、④獅子型、⑤4枚二列型、⑥W型）を記しましたが、正三角形の位置を少しずつずらしていくと、全部で11種類のパターンがあります。

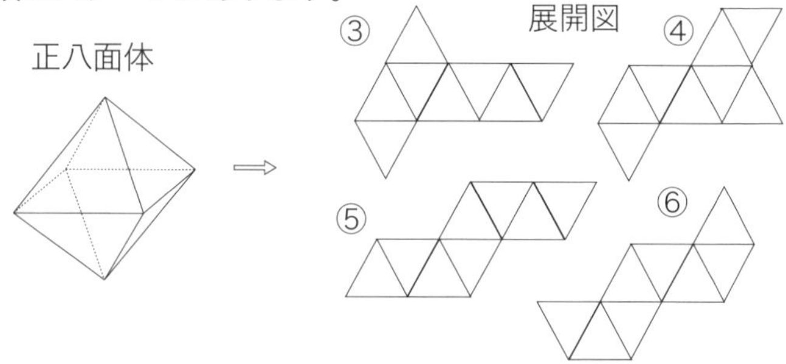

◉平行な面（対面）

平行な面（対面）が正六面体では３組、正八面体では４組あります。展開図で対面を見つけるには、正六面体では**「３枚並んだ両端」、正八面体では「４枚並んだ両端」を探します。**

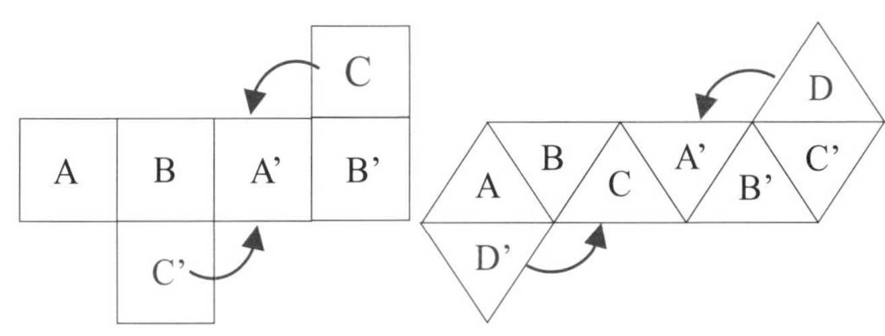

◆手順１　正四面体と正六面体をチェック

正四面体では、正三角形型か４枚一列型しかないので、正しい展開図はイとわかります。

正六面体の対面は３枚並んだ両端にあります。これをウ･エ図でチェックすると対面がXとX'、YとY'のように重複してしまうので、正しい展開図ではありません。オ図は対面が３組あるので正しい図です。

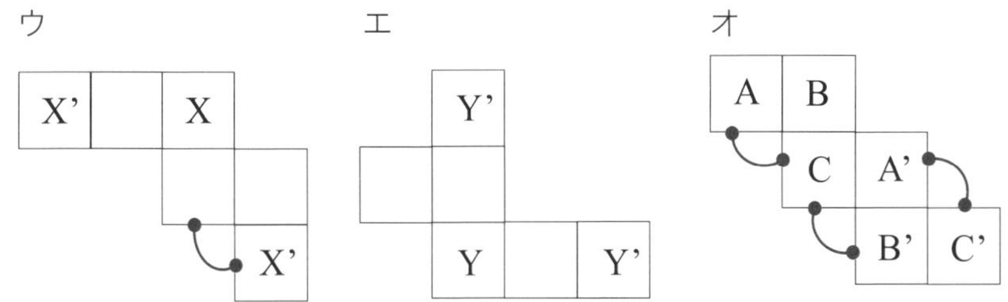

◆手順２　正八面体をチェック

正八面体の展開図では、対面が４枚並んだ両端（直線状に並んだときに２面おいた隣どうし）となるので、変形しながらチェックすると、カ図は６枚一列型で、ク図はW型でそれぞれ対面が４組ある正しい展開図とわかります（次ページ参照）。

以上より、正しい展開図は{イ、オ、カ、ク}の４つとなります。

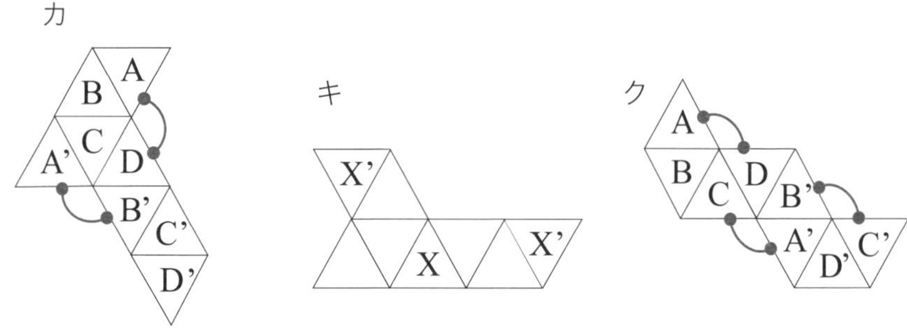

速解のコツ

展開図は変形させることが可能。変形させるとき、最小角度のところに注目し、自分の見やすい形にする。また、平行な面（対面）に注目する（ただし正四面体に対面はない）。対面にヒントが隠されている。

計数 問2

正解：4

問題➡本冊 P.107

難易度／★★★

位置を確定させる問題は、**完成形（完成図）をイメージし、そこに、条件からわかることを当てはめていくこと**になります。ここでいう"位置"とは、並んでいる順序（直線的な位置関係）、部屋の配置（平面的な位置関係）、座席の配置などをいいます。

本問ではマンションの配置ですので、条件をジグソーパズルのピースのようにして、完成形にはめ込むようにすればよいでしょう。

◆手順1　条件を簡単な図（メモ書き）にする

ア：B西隣に2年、上階にF

イ：Cの下階にE

ウ：1年下階にD、西隣に3年

エ：101号室4年、1階もう1人

オ：6年3階

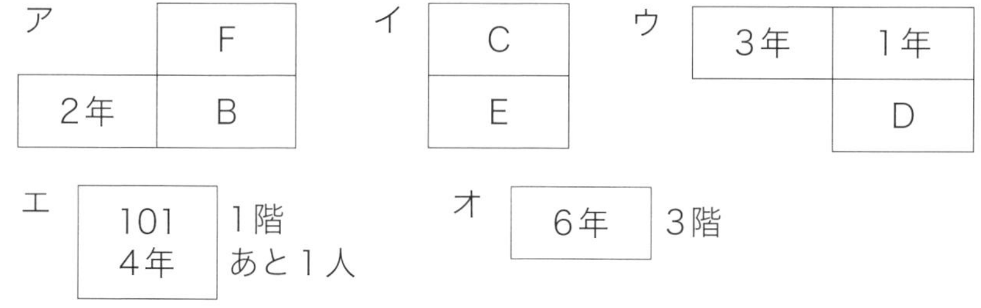

◆手順2　ピースをはめ込んでいく

1階は4年生の101号室とあと1人だけなので、条件アは1階･2階に配置できません。よって**アは2階・3階に配置されることがわかります。**

301	F	303	304
C 2年	B	203	204
E 4年	102	103	104

図①

条件イ・ウより、1階にいる2人はEとDの2人と推測されます。しかし、条件ウではDを101号室に配置できないので、**条件イのEが101号室となります。**ここまでをまとめたのが図①です。

301	F 6年	303	304
C 2年	B 3年	A 1年	204
E 4年	102	D 5年	104

図②

条件ウを配置するとき、Dは103号室か104号室の可能性がありますが、104号室とすると、人数が7人となってしまい条件に反します。よって、**Dは103号室となり条件ウの配置が決まります。**

3階は条件オより6年なので302号室のFが6年、203号室は1年であることから103号室のDが5年とわかります。203号室は残るAとなり、すべての部屋が確定しました（図②）。

以上より、Aの部屋番号は203号室となり選択肢4が正解となります。

速解のコツ

1. 問題の条件を記号化する。
2. 隠された条件などをチェックする。
3. 以上のことを一つにまとめる。そのとき、「登場回数の多いもの」「制約の厳しいもの」「離れた位置にあるもの」などに着目する。
4. 確定できないときは、場合分けをする。そのときは、対称性を利用し効率よく行う。

計数 問3

正解：3

問題➡本冊 P.108

難易度／★★★

正多面体の問題です。正多面体とは、「すべての面が合同な多角形で、各頂点に集まる面の数がすべて等しい立体」です。要するに、どこから見ても同じ形の立体で5種類しかありません。この5種類の形と特徴を確認しておきましょう。

正多面体の5種類

	正四面体	正六面体	正八面体	正十二面体	正二十面体
面の形	正三角形	正四角形	正三角形	正五角形	正三角形
面の数	4	6	8	12	20
頂点の数	4	8	6	20	12
辺の数	6	12	12	30	30
各頂点に集まる面の数	3	3	4	3	5

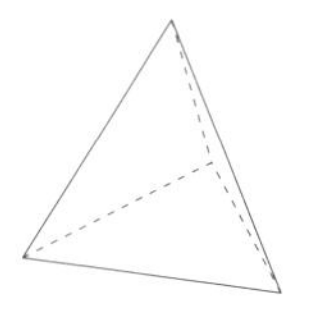
正四面体

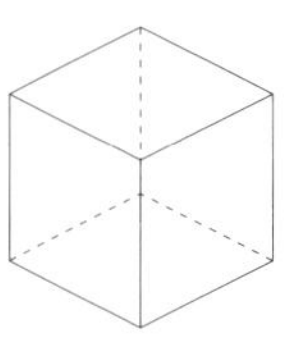
正六面体

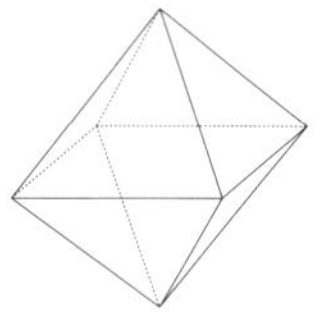
正八面体

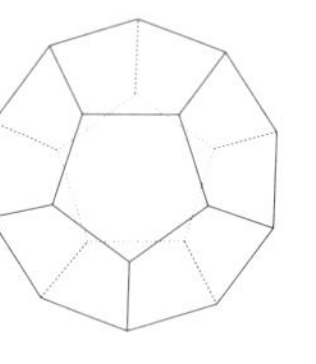
正十二面体

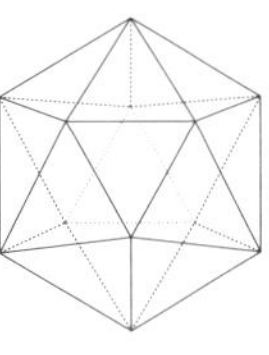
正二十面体

表の１番上の列の「面の形」は見たままです。「正四面体、正八面体、正二十面体」は正三角形、「正六面体」は正方形、「正十二面体」は正五角形なので覚えておきましょう。ちなみに、「オイラーの多面体の定理」（普通の立体に成り立つ性質・特徴）というのがあり、**「面の数＋頂点の数ー辺の数＝2」の関係が成り立つ**ことが知られています。

◆手順1　「頂点の数」を求める

正十二面体の面の形は正五角形です。正五角形の角（頂点）は5つですから、12面では5つ×12面＝60個の頂点があるのです。ここまでは平面で考えた場合で、立体の形をみると**一つの頂点には正五角形が３枚集まっていますから、全体では60個÷３＝20個の頂点となるのです。**

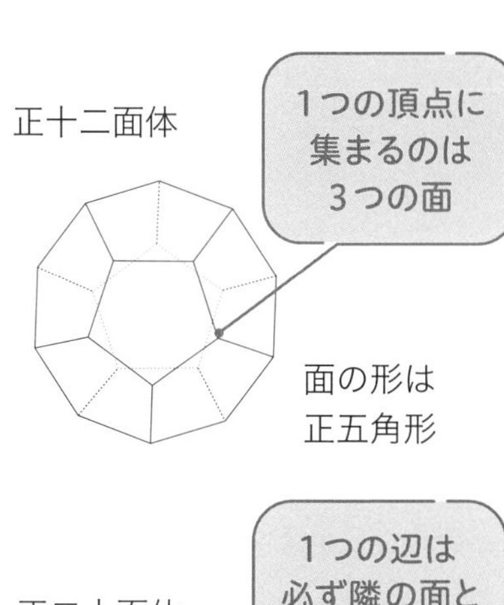

◆手順2　「辺の数」を求める

正二十面体の面の形は正三角形です。1つの正三角形には辺は3本ありますから、二十面では3本×20面＝60本あります。これを立体で考えると、**辺というのは必ず隣の面と接して（重複して）い**

正二十面体

1つの辺は
必ず隣の面と
接している

面の形は
正三角形

るので、60本÷2＝30本となります。

以上より、正十二面体の頂点の数は20個、正二十面体の辺の数は30本より、その合計は20＋30＝50となります。

速解のコツ

1. 正多面体の頂点の数
＝一つの面の頂点数×面数÷一つの頂点に集まる面数（正多面体により異なる）
2. 正多面体の辺の数
＝一つの面の辺数×面数÷一つの辺を共有する面数（正多面体によらず常に2）

計数 問4

正解：2

問題➡本冊 P.109

難易度／★★★

試合・勝敗／リーグ戦の問題で、表を作成して解いていきます。表の縦軸は主体（自分のチーム）を入れ、横軸は客体（相手チーム）を入れます。結果は**自分のチームから見た結果と同時に相手チームから見た結果をセット（○と×はセット）として記入**するようにします。

◆手順1　条件を対戦表に記入

①1番目の条件「FはAとCに勝ち、Dに負けた」ことから、Fの欄を横に追っていき対A、Cの欄に○、対Dの欄に×を記入します。A、Cを主体としてみたとき対Fの結果は×となり、Dを主体としたとき対Fは○となりますから、それを併せて記入します。
②2番目の条件よりDの対A、Cの欄を記入します。
③Cは1勝4敗でAよりも順位は下ですから、Aは2勝以上とわかります。
④Bの欄をすべて記入します。結果は5勝0敗で1位となります。

	A	B	C	D	E	F	勝-敗	順位
A		×		×		×		
B	○		○	○	○	○	5-0	1
C		×		×		×	1-4	
D	○	×	○			○		
E		×						
F	○	×	○	×				

◆手順2　引き分けなし、同率なしからわかることを記入

引き分けがなく、同率がないということは、A～Fの勝敗数がすべて異なるということです。具体的に（勝-敗）の形で表すと、1位：5-0、2位：4-1、3位：3-2、4位：2-3、5位：1-4、6位：0-5となります。これより、1位はB、5位がCと確定します。

Aはすでに3敗していますが、Cより順位が上ですから2勝3敗で4位と確定します。これを表に記入します。

Cの空欄である対Eは○となり、Cも確定します。

D、E、Fの3人のうち最下位（0-5）はE、2位（4-1）になり得るのはD、そしてFが3位（3-2）となり表が全部埋まります。

	A	B	C	D	E	F	勝-敗	順位
A		×	○	×	○	×	2-3	4
B	○		○	○	○	○	5-0	1
C	×	×		×	○	×	1-4	5
D	○	×	○		○	○	4-1	2
E	×	×	×	×		×	0-5	6
F	○	×	○	×	○		3-2	3

以上より、正解は選択肢2とわかります。

速解のコツ

対戦表をつくって解く。基本形は「主体-客体」の表で、縦軸を「主体」、横軸を「客体（相手チーム）」とする。

計数
問5

正解：3

問題➡本冊 P.110

難易度／★★★

立体の切断です。以下、立体の切断面の特徴を見ていきましょう。

◉立方体（正六面体）の切断面

①三角形：正三角形や二等辺三角形などができます。ただし90度以上の角度を持つ三角形をつくることはできません。

②四角形：ほとんどの四角形ができます。ただし、対辺に平行線ができるので、平行がない四角形はできません。

③五角形：平行な辺のある五角形はできますが、正五角形はできません。

④六角形：3組の対辺が平行な六角形ができます。

⑤七角形以上はつくることができません。

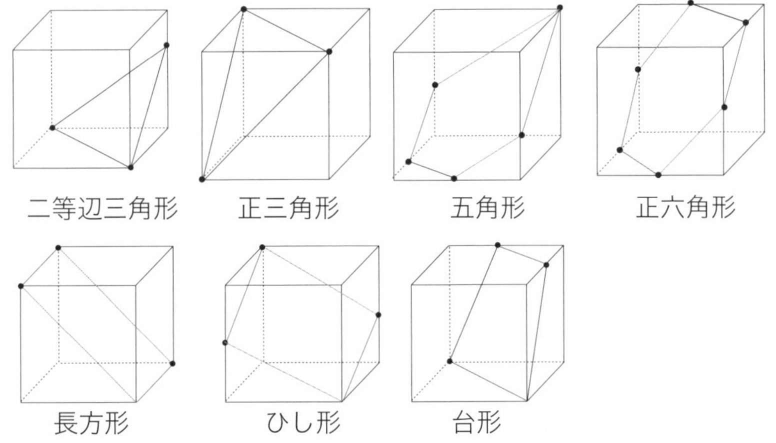

◉正八面体の切断面

正八面体では、一つの頂点に集まる面が4つなので、**切断面に三角形が現れることはありません。**

また、四角形では長方形はつくることができません（正方形はできる）。五角形はできますが、正五角形はできません。六角形は正六角形もできます。七角形以上の形はつくることができません。

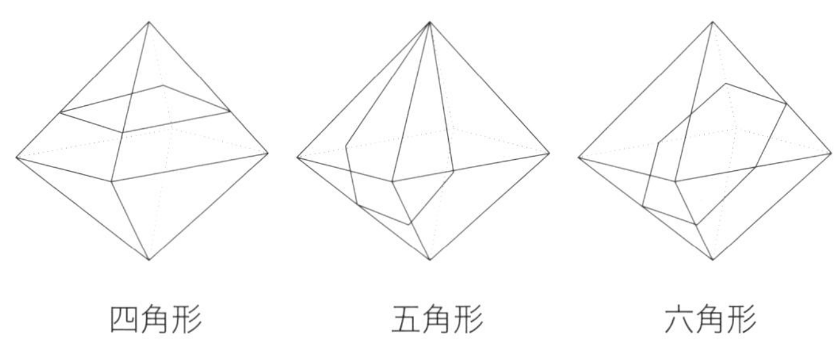

◉正四面体の切断面

図のように直角三角形、正方形、長方形、等脚台形をつくることは可能ですが、平行四辺形をつくることはできません。

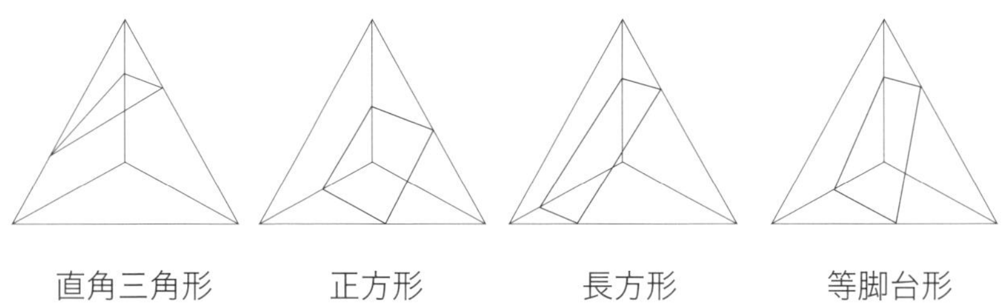

◆手順1　小立方体の切断面

右図の立方体の３点P、Q、Rを通る切断面を次ページの「速解のコツ」にしたがって作図します。

まず、切断するときに通る点を確認し、点PとQは同じ面にありますので、先に結びます。同様に点QとR、RとPも結ぶと、正三角形ができます。

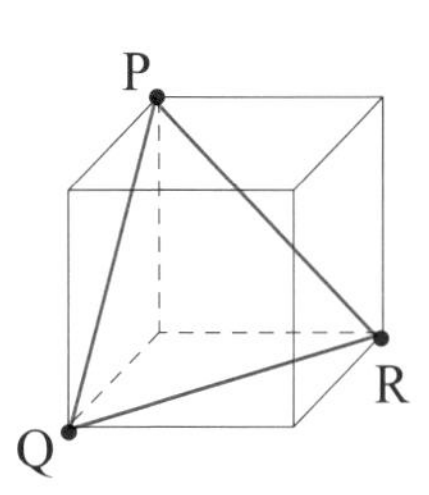

◆手順2　大立方体の切断面

図のように大立方体の頂点をA、B、Cとしておきます。小立方体の切断面△PQRの辺のうち、例えば辺PQと平行な辺を探すと、辺BCが対面となるので平行とわかります。

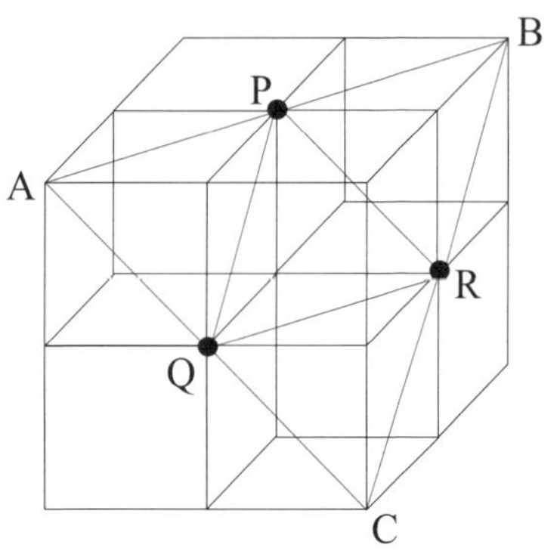

したがってPQ//BCとなります。同様にQR//AB、さらにRP//CAとなっているのがわかります。

こうしてくると、△ABCが正三角形になります。最後に、色のついた部分の切り口の形はPQ=QC=CR=RPより、**4つの辺が等しい「ひし形」となり正解は選択肢3となります。**

速解のコツ

作図のポイントは以下の通り。
1. 切断線を作図するとき、「同じ面上にある2点」を先につなぐ。その直線が切り口となる（同じ面上にない2点は切断線ではない）。
2. 立体の「平行な2平面」を一つの平面で切断するとき、切断線は「必ず平行」になる。

計数 問6

正解：4

問題➡本冊 P.111

難易度／★★★

集合の問題です。集合Aの要素の個数をn（A)、集合Bの要素の個数をn（B）とおくと、A∪Bの要素の個数は、

$$n(A \cup B) = n(A) + n(B) - n(A \cap B)$$

として求められます。

全体の合計を出すのに単純にAとBの合計を求めると、交わりの部分を2回加えてしまうため、交わりを1回だけ引いているのです。

速解のコツ

◎「A ∩ B」

「A かつ B」とは、「A であり B でもある」ということである。

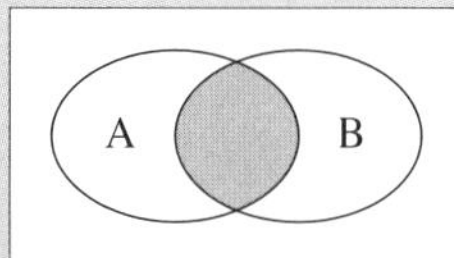

◎「A ∪ B」

「A または B」とは、「A と B のいずれか、あるいは A と B の両方」という意味である。A と B のどちらか一方だけではないことに注意する。

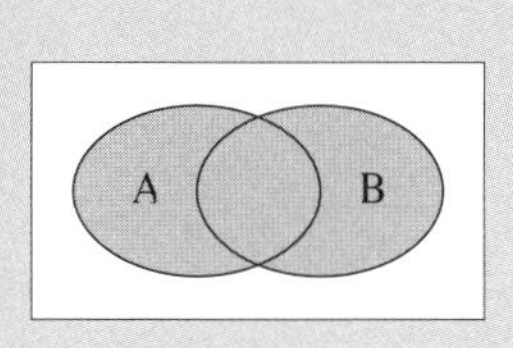

◆手順1　2集合のとき

例えば、英語を話す人が33人、フランス語は28人とすると、単純に合計したら33＋28＝61人となりクラスの人数を超えます。これは重複部分を考慮していないからで、61－40＝21人が両方の言葉を話すことができる最少人数となります（選択肢1は誤り）。

同様に英語（33人）とイタリア語（21人）の両方を話せる人数は少なくとも、33＋21－40＝14人いることになり（選択肢2は誤り）、フランス語（28人）とイタリア語（21人）の両方を話せる人数は少なくとも28＋21－40＝9人となります（選択肢3は誤り）。

3集合のときも考え方は同じです。下図のようになっているとき、

$$n(\mathrm{A}\cup\mathrm{B}\cup\mathrm{C}) = n(\mathrm{A}) + n(\mathrm{B}) + n(\mathrm{C}) - n(\mathrm{A}\cap\mathrm{B}) - n(\mathrm{B}\cap\mathrm{C}) - n(\mathrm{C}\cap\mathrm{A}) + n(\mathrm{A}\cap\mathrm{B}\cap\mathrm{C})$$

として求めていくことになります。

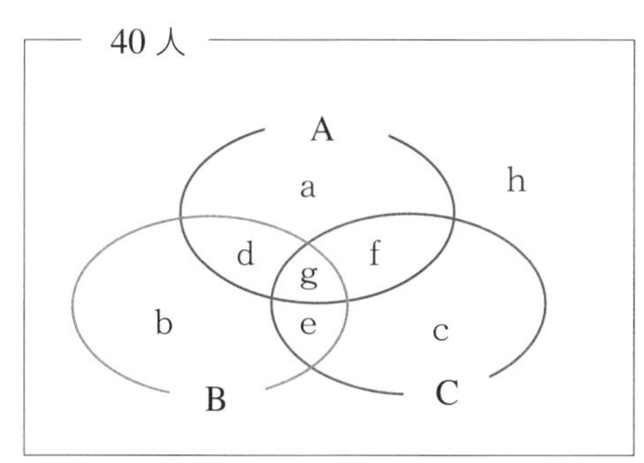

ただし、選択肢に少なくとも（最小）、多くとも（最大）というきかれ方をしたときは、線分図を利用するという方法

があります。

◆**手順2　線分図の利用**

線分図を描くときは、**大きな要素（人数）のものから描き始め、重なり方が少なくなるように配分していきます。**

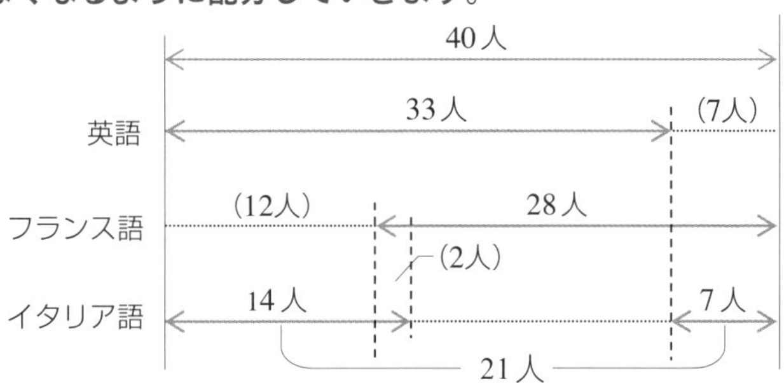

例えば、英語を左端から33人分の線を引き、右からフランス語28人分の線を引きます。すると線分は28－7＝21人分が重なるので、これが少なくとも両方話すことができる人数となります。

この状態にイタリア語の21人をなるべく線分が重ならないように引いたのが上図となります。なるべく重ならないように引いてもどうしても2人が重複するので、これが3か国語を話す最少人数となります（選択肢4は正しい）。

それでは線分図を左揃えで描くと何を表すのか？　これは、3か国語を話す最大人数を表すことになります。英語を話す33人のうち、28人全員がフランス語も話し、さらに21人全員がイタリア語も話すことができるということです（選択肢5は誤り）。

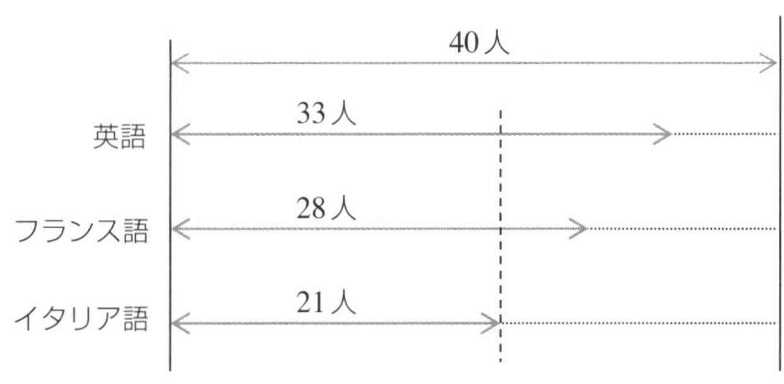

計数
問7

正解：4

問題➡本冊P.112

難易度／★★★

多角形の軌跡の問題です。軌跡は、図形を移動させていくときに、図形上の一点に注目してその点がどのように移動していくかを見る問題です。

下の図Ⅰは長方形ABCDを回転させたものです。**1回移動ごとに中心以外の3頂点の位置が変わるので記号を付けて確認していきます。**4回の移動で長方形は1回転しますが、このとき軌跡（円弧）は3つできます。三角形の場合なら円弧は2つ、五角形なら円弧は4つとなります。

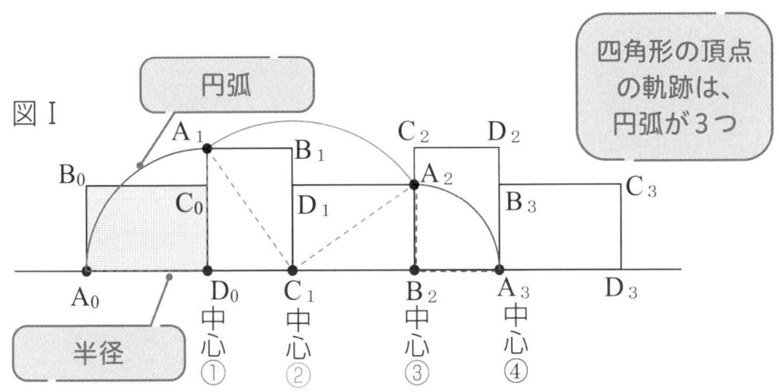

図Ⅱは図形内部の点に注目した場合です。手順は同じですが、円弧は下の直線に接することはありません。そして、三角形でも軌跡は3つの円弧となります。

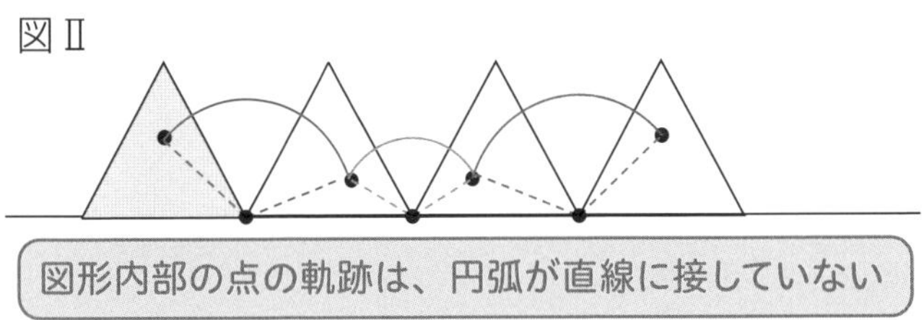

図Ⅲは扇形（円の一部）の軌跡です。円の中心の軌跡は「直線」にな

りますが、直線を挟む両端は、多角形の軌跡となります。つまり、扇形は円と多角形の合成と考えることになります。

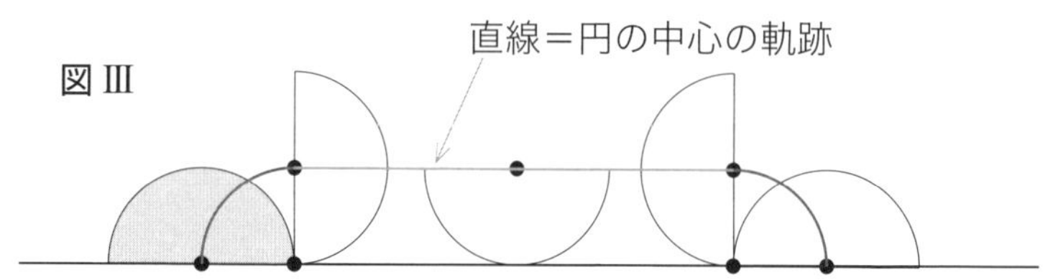

◆手順１　軌跡から図形を決める

軌跡の問題では「円弧の形や大きさと数」は必ずチェックするようにします。円弧の形や大きさを見ることで、「回転の中心や半径、回転する角度」が、円弧の数を見ることで「回転させている図形と動点の位置」が、ある程度推測できるわけです。

本問で、軌跡は半径の異なる円弧3つからなり、直線lと接しています。したがって、回転させている図形は四角形で、頂点の軌跡とわかります。この段階で選択肢１（三角形の頂点Ｐの軌跡）、選択肢２（三角形の内部の点Ｐの軌跡）、選択肢５（四角形の内部の点Ｐの軌跡）は除かれます。

◆手順２　軌跡から選択肢を絞る

軌跡から円弧の中心を記入すると右ページの図のようになります。これにより、**回転する半径（＝各頂点と動点までの長さ）が見やすくなります。**

本問の軌跡は円弧が小⇒大⇒中⇒と繰り返されるので、半径も小⇒大⇒中⇒となっているはずです。選択肢３のひし形では①、②、③の半径は同じですが、選択肢４では半径の長さが3つとも異なるので、正解の図形とわかります。

なお、回転する角度（図形の外角）に注目しても選択肢を絞ることができます。

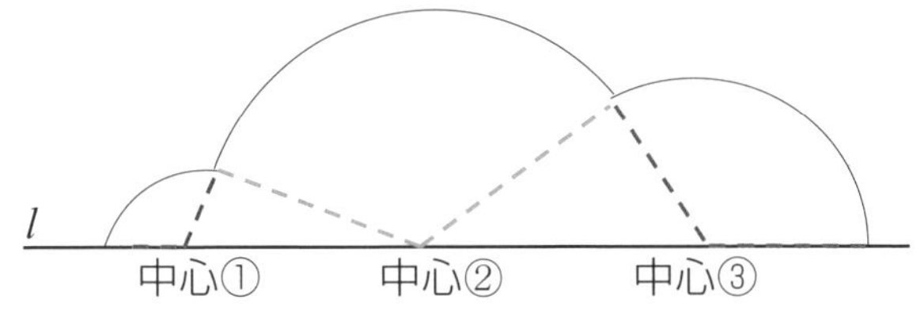

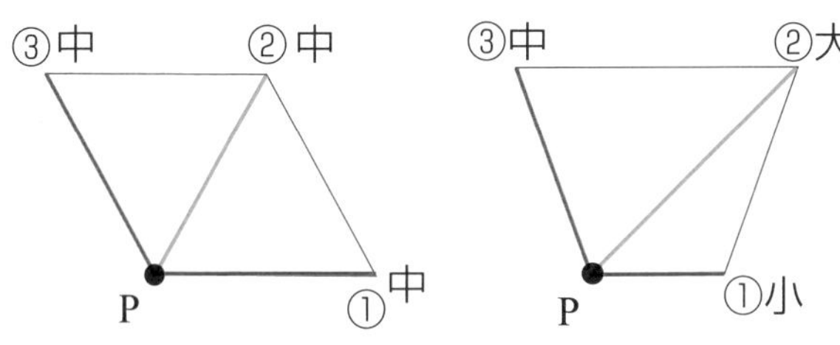

速解のコツ

軌跡の三要素（基本型）は以下の通り。
1. 回転するときの中心はどこか？ ⇒多角形の頂点
2. 回転するときの半径の長さはどれくらいか？
⇒各頂点と動点までの長さ
3. 回転する角度はどれくらいか？
⇒各頂点の外角

計数 問8

正解：1

問題➡本冊 P.113

難易度／★★★

順序関係の問題です。**条件をもとに、まとめられるものをまとめていきましょう。**

◆手順１　条件の整理

「アはエより年上で、オより年下」より、オ＞ア＞エ …①

「ウはカより年上」より、ウ＞カ …②

「イはアより年上」より、イ＞ア …③

とします。ここで、①と③を合わせて（オ、イ）＞ア＞エ …④とすることができますが、イとオの順序は確定していません。

そこで、④と②に選択肢の条件を加えることで「年齢が上から４番目のものが確実に決まる」必要があります。

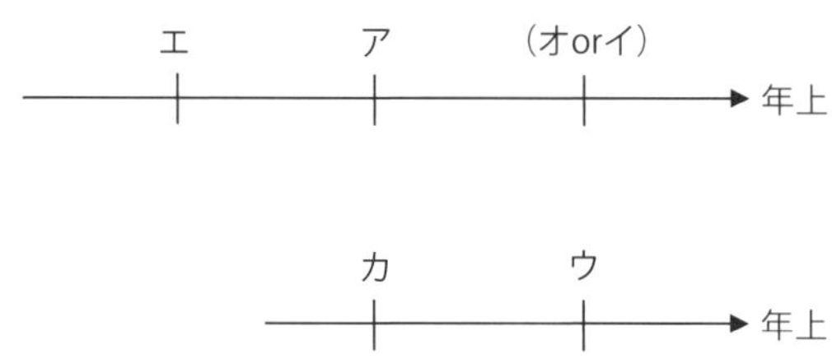

◆手順２　選択肢の検討

では、順に選択肢を検討していきましょう。

１．「ウはエより年下」より、エ＞ウを加えると、

④（オ、イ）＞ア＞エ＞②ウ＞カ

となります。

イとオの順番はともかく、**３番目はア、４番目はエ、５番目はウ、６番目はカと決まりますので、これが正解となります。**

２．「アはウより年上」より、ア＞ウを加えると、

④（オ、イ）＞ア＞エ

ア＞②ウ＞カ

となります。これでは４番目は確定しません。

３．「オはカより年下」より、カ＞オを加えると、

②ウ＞カ＞④（オ、イ）＞ア＞エ

となります。オとイの順序は確定していないので４番目は確定しません。

４．「イはカより年下」より、カ＞イを加えると、

②ウ＞カ＞④（イ、オ）＞ア＞エ

となります。オとイの順序は確定していないので４番目は確定しません。

5.「イはウより年上」より、イ＞ウを加えると、

④ <u>（オ、イ）＞ア＞エ</u>

イ＞② <u>ウ＞カ</u>

となります。これでは4番目は確定しません。

したがって、正解は選択肢1となります。

速解のコツ

順序関係の基本的な解法手順は以下の通り。

1. 問題の条件を記号化・図式化する。→完成型をイメージする。
2. 隠された条件などをチェックする。
   →条件をまとめていくとわかることがある！
3. 以上のことを一つにまとめ、順序関係を確定する。
4. 選択肢を検討する。確定できないときは、場合分けをする。

計数 問9

正解：2

問題➡本冊 P.114

難易度／★★★

ウソつき問題です。**ウソつき問題では、発言の矛盾・対立しているところにヒントがある**ので、まずは発言内容から、グループ分けをしてみましょう。

◆手順1　グループ分け

各人の発言を見て、同じ内容（同意・肯定）の発言をしているものは同じグループに、対立する発言（否定・矛盾）をしているものは、別グループにまとめていきます。

PとQの発言を見るとSについて対立しているので、別グループとします。

RはSについてPと同じ内容となりますので、同じグループとします。

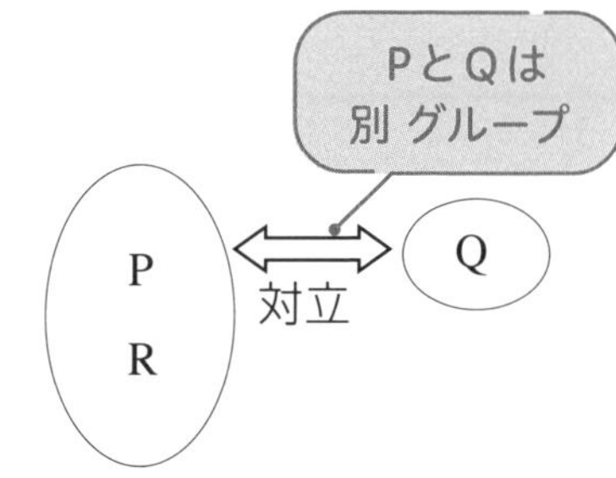

速解のコツ

ウソつき問題のグループ分けの考え方は以下の通り。
1. A:「Bの言っていることは正しい。」⇒ AとBは同じグループ
2. C:「Dの言っていることはウソだ。」⇒ CとDは別グループ

◆手順2　仮定する

ここで、Qが本当のことを話しているのか否かで場合を分けて検討することにします。

①Qが本当のことを話しているとき、Qは合格していることになります。
発言内容が正しいので、「PとSは2人とも合格した」というのは正しいはずですが、これでは、合格者がQを含めて3人となってしまい条件に反してしまいます。
したがって、Qが本当のことを話していたという最初の設定が誤りとなります。

②Qが本当のことを話していないとき、PとRが本当のことを話していることになるので確認してみましょう。
Pは本当のことを話しているので「Sは不合格だった」は正しいことになります（Sの発言は本当ではない）。そこでSの発言をみると「Rは合格しなかった」というのが本当ではないことになり、「Rは合格した」とわかります。
Rは合格したのですから本当のことを話しており、「合格しなかったのはQとSである」という内容は本当のことで、最初の設定と一致し

ます。

以上より、選択肢を検討すると選択肢２「ＰとＲは合格した。」ということになります。

速解のコツ

ウソつき問題の解法は、はじめに仮定をおく。

1. 発言に矛盾が生じる場合

⇒はじめの仮定は誤り

2. 発言に矛盾が生じない場合

⇒はじめの仮定は正しい可能性がある

英語
問1・Q1

正解：3

問題➡本冊P.116

難易度/★★★

◆**長文の訳**

日本でのスマートフォンの普及に伴って、移動中に携帯を使っている人々が引き起こす問題に関する報告がされるようになった。最近東京で、スマートフォンを見ていた若い女性が突然駅のプラットフォームから線路に落ちてしまったり、同様に、スマートフォンを使っていた男性が街の道路を渡ろうとして立ち止まっていた人に衝突してしまったりすることもあった。また別の事故として、JRの駅改札口を通ろうとしていた人々が、立ち止まってスマートフォンを使っている人のせいで渋滞が起きていることに気づき、驚いたこともあった。

国土交通省の調査によって、ある年度にて携帯電話を使っている際に駅のプラットフォームから落下する事故が11件確認された。翌年の年度では、そのような事故が18件確認された。そして、それぞれの年で1人が負傷している。もちろんこれらは報告のあった事例に過ぎない。実際はさらに多く起こっている可能性がある。携帯電話を使っていた小学5年生の男の子が東京都新宿区の駅のプラットフォームから落下して負傷したこともあった。JR東日本は現在、注意を呼び掛けるメッセージを放送したりポスターを掲示したりしている。

筑波大学の教授である徳田克己は、東京と大阪で電車通学をしている650人の生徒に対して調査を行った。60%以上の人が、スマートフォンを使っている人に衝突したことがある、もしくは衝突しそうになったことがあると回答した。そのような支障が最も生じる場所は駅だった。そして、そのような衝突の結果15人の生徒が打撲や他のけがを負ってしまった。

移動中にスマートフォンを見ることは、プライベートな空間を公共の領域に持ち込むことと似ていると言える。Eメールや他の刺激にすぐに返答したいと思うことが、明らかにその理由の1つだ。しかし、私たちは他人がいない世界で1人で生きているわけではない。スマートフォンを使う人が、他人へ配慮をしなくなっているような気がする。しかし、路上での喫煙を禁止するような法的な規則を制定することは最後の手段である。まずは、人々にその問題について知ってもらい、協力を求めなければならない。そして、自分達で認識し、礼儀をわきまえてこの問題に取り組んでいくべきであろう。

◆設問の訳

「第1段落で述べられている事故の共通点は何ですか？」

◆選択肢の検証

選択肢1／「すべてスマートフォンを使う若い人々によって引き起こされた。」a young womanとありますが、「すべて」が「若い人」によってのトラブルだと判断できる根拠はありません。不正解です。

選択肢2／「すべて日本の鉄道の駅で生じた。」a city streetでの事例も紹介されています。不正解です。

選択肢3／「すべての事故において、人々は公共の場所でスマートフォンを使っていた。」**第1段落にはstation、city streetとあり公共の場でスマートフォン利用による事故が述べられている**ので、これが正解です。

選択肢4／「すべての事故で、プラットフォームで注意するように警告する標識があった。」そのような記述は本文中にないため不正解です。

英語 問1・Q2

正解：4

問題➡本冊P.116

難易度／★★★

◆設問の訳

「（a）と（b）に入る単語は次のうちどれでしょうか？」

◆**選択肢の検証**

the (a) year～. と、In the (b) year in next～. この文脈の中で表現が成立する語を選びましょう。

選択肢１／「the new year ＝新年」 この文脈に合いません。

選択肢２／「the last year＝ここ一年」 文脈に合いません。

選択肢３／「the special year＝特別な年」 ここ数年のよくある事例を挙げているこの文章にそぐわないものとなります。不正解です。

選択肢４／「financial year＝会計年度」が一般的な訳ですが、**単純に調査や学年などを区切る単位としての「年度」としても使われます。これが正解となります。**

英語
問１・Q3

正解：２

問題➡本冊 P.117

難易度／★★★

◆**設問の訳**

「第２、第３段落で説明された調査からはわからないものは次のうちどれですか？」

◆**選択肢の検証**

選択肢１／「ある男子生徒が携帯電話を使っているときにJR四ツ谷駅のプラットフォームから落下して怪我した。」とあります。**第２段落にて、同一の内容があります。**

選択肢２ ／「東京や大阪で電車通学している生徒のうち60%以上がスマートフォンを使っていた」という記述はありません。第３段落３行目から４行目にて、「Over 60% said they had either bumped into or nearly bumped into people who were using smartphones.」とありますが、これは「60%以上の人が、スマートフォン使用中の人に衝突したりしそうになった。」60%の意味が違います。本文と合わないものを選ぶこの設問において、間違いのあるこれが正解となります。

選択肢3／「スマートフォン利用中のホームからの転落は、ここ2年の調査範囲内で少なくとも29件の報告がある。」とあります。これは第2段落の2行目から3行目の「11件確認された。」と同段落の4行目から5行目の、翌年に「18件確認された。」を足し算すれば、合計で29件となります。

選択肢4／「携帯電話を使っているときに駅のプラットフォームから落下して怪我をした人がいた。」とあります。これは選択肢1と同じく、第2段落にて、小学5年生の男の子が「JR四ツ谷駅のプラットフォームから落下して負傷した」という記述があります。

速解のコツ

よく似た選択肢が2つあるときは、まずその違いに注目して片方に絞ってから、他の選択肢を念のため確認しよう。

英語
問1・Q4

正解：2

問題➡本冊 P.117

難易度／★★★

◆設問の訳

「第4段落によると、人々は移動中にスマートフォンを使っているが、その理由は彼らが___」

※この下線部に入る言葉を次の中から選ぶ。

◆選択肢の検証

選択肢1／「プライベートな空間を懸念しているからである。」第4段落の2行目で「private space＝プライベートな空間」という言葉が出てきますが、これは人々がスマートフォンを使う理由ではありません。

選択肢2 ／「遅れることなくEメールに返信したいからである。」第4

段落の２行目から３行目に「Wanting to reply quickly to an email and other prompts is clearly a reason.」とあります。**「Eメールや他の刺激にすぐに返答したいということが、明確な理由の一つだ。」という意味です。選択肢の内容と一致している**ので、これが正解です。理由を尋ねる設問は、よく出題されます。いつもreasonという単語には着目しましょう。

選択肢３／「他人を思いやっているからである。」とあります。第４段落の４行目から５行目で「consideration for other people＝他人を思いやる」という言葉が出てきますが、本文はスマートフォンを使う人が他人に配慮しなくなっているという記述であり、スマートフォンを使う理由としては記述されていません。

選択肢４／「スマートフォンをとても効率的だと思っているからである。」とあります。これに関しては、そのような記述は一切ありません。

英語 問１・Q5	正解：3 問題➡本冊 P.118 難易度／★★★

◆設問の訳

「文章の最も重要な主張を表しているのは、次のうちどれですか？」

◆選択肢の検証

選択肢１／「私達は、学校に行くときにスマートフォンを使う危険性を子供たちに警告する必要がある。」そのような記述はないため不正解です。

選択肢２／「私達は、スマートフォンをあまり買わないようにするため、若い人々に自己認識や礼儀を教える必要がある。」「スマートフォンをあまり買わないようにするため」という記述はありません。また、認識や礼儀の話は出ていますが若い人々に限定していません。

選択肢３／「私達は、公共の場所でスマートフォンを使うことの危険性に気付いてもらい、そして他人に配慮するように働きかける必要がある。」本文の第1段落から第3段落にかけて、「公共の場所でスマートフォンを使うことの危険性」について述べています。そして、第4段落の6行目から8行目にかけて「we must inform people about the issue and appeal for cooperation, addressing the issue with self-awareness and good manners.」とあります。**これは、「自分達で認識し、礼儀をわきまえてこの問題に取り組んでいくべきであろう。」という意味であり、選択肢3と一致しています**ので正解です。

選択肢4／「私達は、高齢者の安全を確保するために、人々が移動中スマートフォンを使うことを制限する厳しい法律を課す必要がある。」とあります。確かに第4段落の5行目から6行目に法的措置に関する話は出ていますが、これはあくまで「final resort＝最後の手段」であり、最も重要な主張ではありません。

速解のコツ

英語の文章は、各パラグラフの最初か最後に重要な一文がくることが多い。最終段落の最後の一文は、特に重要。

英語
問2・Q1

正解：1

問題➡本冊 P.120

難易度／★★★

◆長文の訳

イングランドでビニールのレジ袋にかかる新しい税金が導入された。具体的に言うと、イングランドでは、買い物客が使うすべての新しいレジ袋に対して5ペンスが課せられる。この税は、250人以上の常勤従業員がいるスーパーマーケットや他の店舗だけに適用される。ただし、この税には例外があり、それは空港の店舗や電車、飛行機、船舶などで渡されるレジ袋などである。また、どこで提供された場合でも紙袋は例外となる。

このアイデア自体は新しいものではない。実際に、英国を構成する4か国の中でレジ袋に課金し始めたのはイングランドが最後だった。イングランドでは、使用されるレジ袋の数が問題だと見なされていた。なぜなら、税の導入前に、その数がだんだん増加し続けていたからである。政府は、5ペンスの課税金の導入が人々に新しいレジ袋をもらうことをやめさせて、彼らに古いものを使うように促すだろうと考えた。

イングランドの人々に対するレジ袋課税の効果に関する研究が、カーディフ大学の研究者らによって行われた。彼らは、課税が開始される前と後の両方で、8軒のスーパーマーケットで買い物客を観察した。これは、使い捨てレジ袋に対するイングランドの人々の考えや行動の違いを調べたかったからである。彼らはまた、50人にインタビューして、彼らに日記をつけるように頼んだ。

研究者によると、イングランドの人々のおよそ90%が現在、食べ物の買い物に行く際にしばしばあるいは必ず自分のバッグを持って行くこと、またイングランドのスーパーマーケットや他の店舗で使われる新しいレジ袋の数は85%まで減少したことがわかった。さらに、この税の導入以来、より多くの人々が環境により優しくなろうと努めている。こうした結果に応じて、レジ袋への課税は大成功であったため、政府はペットボトルや使い捨てのコーヒーカップにも同様の税を課すことを検討しているかもしれないと、研究者らは語る。

◆設問の訳

「第1段落で述べられている内容として正しいのは次のうちどれですか？」

◆選択肢の検証

選択肢1／「イングランドではスーパーマーケットなどで配布されるレジ袋に税金を課すようになりました。」第1段落1行目に「A new tax for plastic bags was introduced in England.（＝**イングランド**

でビニールのレジ袋にかかる新しい税金が導入された。)」とあります。また、第1段落3行目に「supermarkets or other stores」ともあり、場所についても一致します。よって、正解です。

選択肢2／「イングランドではレジ袋の代わりに使用するエコバッグを配布しました。」エコバッグの配布に関する記述はないため不正解です。

選択肢3は、「イングランドはレジ袋を新しい製品にリサイクルすることで活用する計画を立てました。」本文内にリサイクルについての記述はないため不正解です。

選択肢4は、「イングランドは国内の電車、飛行機、船でのレジ袋の使用を禁止しました。」確かに、第1段落5行目から6行目にかけて「電車、飛行機、船舶」というワードが登場していますが、これはその場所ではレジ袋の課税が行われないという意味合いであり、レジ袋の使用を禁止するという意味合いではありません。不正解です。

英語 問2・Q2	**正解：1**
	問題➡本冊 P.121
	難易度／★★★

◆設問の訳

「イングランドが国民にするように求めていることの1つは何ですか？」

◆選択肢の検証

選択肢1／「買い物に行くときに古いレジ袋を再利用すること。」第2段落5行目にある「The government」はイングランド政府のことを指します。そして、同政府が考えていることとして、「introducing a 5-pence charge（=5ペンスの課税金導入)」が「would stop people from getting new plastic bags and encourage them to use their old ones.(=**人々に新しいレジ袋をもらうことをやめさせて、彼らに古いものを使うように促すだろう。)とあります。よって、正解です。**

選択肢２／「他の国にも同様の税金があることを知ること。」とあります。確かに、第２段落１行目から３行目にかけて「英国を構成する４か国の中でレジ袋に課税し始めたのはイングランドが最後だった。」と記述されています。しかし、その事実を知ることを政府は促していません。

選択肢３／「次の選挙で税金の導入に賛成すること。」とありますが、そのような記述は一切ないため不正解です。

選択肢４／「新しいレジ袋を手に入れるためにもっと税金を払うこと。」とありますが、この文章においてイングランド政府は一貫してレジ袋の削減に取り組んでいます。そのため、新しいレジ袋を手に入れさせるためというのは不適切です。

英語
問２・Q3

正解：４

問題➡本冊 P.121

難易度／★★★

◆**設問の訳**

「第３段落によると、カーディフ大学の研究者たちは＿＿＿。」
※この下線部に入る言葉を次の中から選ぶ。

◆**選択肢の検証**

選択肢１／「8軒のスーパーマーケットを訪れ、店員に個別のインタビューを実施した。」確かに、スーパーマーケットの数は８軒ですが、取材対象は買い物客であり店員ではありません。

選択肢２／「新しい税がイングランドの人々の買い物時の行動に、大きな影響を与えることを疑問に思った。」そのような記述はないため不正解です。

選択肢３／「イングランドの人々が古いレジ袋を使わなくなった理由を分析しようとした。」第３段落の時点ではイングランドの人々がレジ袋を使わなくなったという事実はまだ示されていません。次の第４

段落にて、イングランドの人々の新しいレジ袋使用率が減少したことを述べています。

選択肢4／「新しい税が始まる前と後でのイングランドの人々の考えの相違を調べたかった。」第3段落3行目から4行目にかけて「both before and after the charge was started.（＝**課税が開始される前と後の両方で）」と記述**されています。そして、同段落4行目から6行目にかけて、その理由として「the difference in the attitudes and behaviors of English people toward disposable plastic bags.（＝使い捨てレジ袋に対するイングランドの人々の考えや行動の違い）」とあります。よって、正解です。

英語
問2・Q4

正解：3

問題➡本冊 P.122

難易度／★★★

◆設問の訳

「第4段落によると、カーディフ大学の研究者らは、イングランド政府は____と考えている。」

※この下線部に入る言葉を次の中から選ぶ。

◆選択肢の検証

選択肢1／「より多くの人々がスーパーマーケットや他の店舗に行くよりもインターネットで食べ物を買うことを期待している。」そのような記述はないため不正解です。

選択肢2／「新しい税が期待していたよりも成功していないことを認める。」とありますが、第4段落1行目から4行目にかけて新しい税がよい効果をもたらしたことが報告されているため不正解です。

選択肢3／「もしかしたら使い捨て容器に対して同様の税をかけようとする案がある」第4段落の7行目から8行目にかけて「the government may be considering charging similar taxes on plastic bottles and single use coffee cups.（＝**政府はペットボトルや使い捨てのコーヒーカップにも同様の税を課すことを検討しているかもしれない)」と記述**されています。ペットボトルや使い捨てのコーヒーカップを、「使い捨て容器」と言い換えることができますので正解です。

選択肢４／「プラスチック製品の扱い方を決定するのに十分な情報を持っていない。」とありますが、そのような記述はないため不正解です。

英語 問２・Q５

正解：２

問題➡本冊 P.122

難易度／★★★

◆設問の訳

「文章の最も重要な主張を表しているのは、次のうちどれですか？」

◆選択肢の検証

選択肢１は、「イングランドの人々は、レジ袋税が導入されて以来、不満を抱いています。」とありますが、これは第４段落１行目から６行目にかけての記述と反対の内容です。

選択肢２／「イングランドの人々は、レジ袋税が導入されて以来、環境に優しくなろうと努力するようになった。」第４段落４行目から６行目にかけて、「more people have tried to be friendlier to the environment since the introduction of the tax.（＝**この税の導入以来、より多くの人々が環境により優しくなろうと努めている。)」とあります**。よって、正解です。

速解のコツ

指示語の指す内容は、前後から確実につかんでおこう。これを別の語にして間違いの選択肢が作られることが多い。

選択肢３は、「レジ袋に税金を課すという発想は新しいものではない。」確かに、第２段落１行目に「The idea itself is not a new one.」とありますが、それ以降の文章ではそのことについて言及されていません。よって、文章の最も重要な主張であるとは言えません。

選択肢４は、「レジ袋は海洋プラスチックごみとなり、海洋生物に悪影響を与えることが報告されています。」そのような記述はないため不正解です。

性格テスト G9

問題➡本冊 P.123
難易度／ー

ストレス耐性をはかる性格テストが「G9」です。性格テストには、特段の正解というものは示されませんが、明らかに採用する側の企業にとっては、「こういった回答が望ましい」というものがあります。このストレス耐性をはかるG9であれば、**ストレスに強く、ストレスを感じたとしてもそれをうまく解消する手段を持つ人材が、企業が欲する人材であることはいうまでもありません。**

ただし20歳代前半の若者として少々の弱さは当然で、極端に完全なストレス耐性を示すような回答は不自然です。面接でも見透かされてしまいますので、本来の自分の性格からかけ離れすぎることなく、極力プラスに捉えてもらえることを意識するとよいでしょう。

なお、G9は前半でストレス状態やストレス対処法が問われ、後半でどのような行動特性をとってきたかが問われるタイプもありますが、本問は60問すべてがストレスに関する質問のタイプになります。

具体的な質問の一例を見てみましょう。

「気持ちが落ち込むことが多い」

「よくあてはまる」～「まったくあてはまらない」という両極端な選択肢を検討すると、「よくあてはまる」はマイナスの評価、「まったくあてはまらない」はプラス評価であることがわかります。このように、**すぐに離職するような人物ではないことを意識**しつつ、実際の人物像と極端に乖離しない程度で回答するとよいでしょう。

速解のコツ

企業が望むストレスに強く、ストレスをプラスに転嫁できるような回答を意識する。

TG-WEB

実力模試・**B(新)型**

解答・解説

B（新）型／言語　解答・解説

言語
問1

正解：2

問題➡本冊 P.132

難易度／★★★

例は何を述べるために出されたかを考えて読み進めましょう。複数の話が出てくるときは、その中で話題の中心は何かをつかみ、例は同類として出てきているのか、対比として出てきているのかを確認します。ここでの文章の話題の中心は「新聞記者」であることがわかります。

以下、要旨をまとめておきます。

・物理学の教科書に書かれた計算→現実はその通りにはならない。法則を導き出すためにさまざまな影響を抜きにして「補正」している。
・これと同じように、新聞記事のうそも一種の「補正」と言える場合もたしかにありそう（と理解を示している）。ただし、物理においては法則に準拠しての「補正」だが、新聞記事の場合は書いた記者の「類型化の主観」でたよりになる根拠はないという部分が違う（つまり、筆者は新聞記事のうそについて、物理学とは意味合いが違うことを指摘している。批判的な立場）。
・セザンヌ（画家）は、個々のりんごではなく、あらゆるりんごを包蔵するりんごを描こうと努力した。
・科学（や物理）も同じように共通性・法則・原理のようなものを描写しようとして「補正」する。
・新聞記者がこれらと同じつもりで記事を書いているかどうかは明らかではないが（＝現実を忠実に言葉で再現する努力が見えない）、その意図があるのならセザンヌと科学者以上の観察と分析能力を具備しなければならない（＝主観でいい加減なうその混ざった記事を書くべきではない）。

全体の要約は次のようになります。

新聞記事にうそがあるときがある。物理学の教科書も現実と違うことがあるのでそれと同じ性質だというのなら、現実の法則性に準拠する「補正」ぐらい根拠のあるものなら理解できる。そうだとするなら、**記者**

の類型化の主観によるものではいけない。科学者やセザンヌを超えるほどの（現実と向き合う）鋭利な観察と分析能力を身に付けてする場合にしか許されるものではない。

◆選択肢の検証

選択肢１／本文の話題の中心である「新聞記者」について触れていません。セザンヌや物理学者・科学者については、あくまでも新聞記者に求められる能力を表すための記述でしかありません。

選択肢２／本文の内容と一致します。正解です。

選択肢３／本文の語句を使ってはいますがニュアンスが違います。本文の内容には、読み取る側の理解を求める記述はありません。

選択肢４／本文の最初の部分と最後の一文の内容を強引につなげていますが、画家の絵が科学者の説明を超えるという話ではありません。また、最も重要な「新聞記者」に対するポイントも抜けています。

選択肢５／拡大解釈した内容となっています。本文では「読み手側」については述べていません。

速解のコツ

「肯定的立場」「称賛」か、「批判的立場」「皮肉」か、意識すると解きやすくなる。

言語 問2

正解：5

問題➡本冊 P.134

難易度／★★★

・「激励」…**励まして、奮い立たせること。**同義語として妥当なのは選択肢５の「鼓舞」になります。「叱咤激励」という四字熟語がありますが、「叱咤」は「しかりつけること」で同義語ではありません。このように連想する言葉をわざと選択肢に入れていることもあるので、直感的に選ばないよう注意しましょう。

言語 問3

正解：4

問題➡本冊 P.134

難易度／★★★

・多様…**いろいろと種類の違ったものがあること。**対義語として妥当なのは「個々の事情や個性を考慮に入れないで、すべてを一様にそろえること」を意味する選択肢4の「画一」です。

言語 問4

正解：5

問題➡本冊 P.135

難易度／★★★

「**他人のことに忙しくて、自分のことに手が回らないこと**」が正解です。「紺屋の白袴」は染め物を業とする紺屋が、自分の袴は染めないでいつも白袴をはいていることを表し、他人のことに忙しくて、自分自身のことには手が回らないことの例えとして使用されます。似た意味のことわざに「医者の不養生」や「大工の掘っ立て」「髪結いの乱れ髪」などがあります。合わせて覚えましょう。

言語 問5

正解：2

問題➡本冊 P.135

難易度／★★★

・「屈指」…**多数の中で、特に指を折って数えあげる価値があるほどすぐれていること。**同義語として妥当なのは選択肢2の「有数」です。

速解のコツ

知らない同義語や対義語の場合は、消去法的に明らかに異なる選択肢から除いていく。

言語
問6

正解：4

問題➡本冊 P.136

難易度／★★★

本文に出てくるキーワードを整理しておきます。

・「メンタルヘルス」…精神的な健康、ストレス対策、心を癒す。

・「孤独」…精神を蝕む、感覚麻痺、感情を失う、思考力や判断力が低下。回復は時間を要する。悪循環。

・「仕事」…認めてくれる人の存在、評価、報酬→自分の存在価値の認識、実感。精神的な充実。

また、本文で挙げられている例も整理します。

・[逆の例]…周囲からの無視→大きなダメージ

・[別の例]…無職で感情を失っていた人が、清掃の仕事中に「ご苦労様」と声をかけられ涙した。

◆選択肢の検証

選択肢1／「メンタルヘルス」という語句以外、全体的に本文に記載のない話となっています。

選択肢2／1文目は本文中にある内容ですが、ごく一部分だけを取り出しただけではこの文章の要旨とは言えません。

選択肢3／この書き方では、「孤独」が話題の中心ということになっています。

選択肢4／本文の内容を圧縮した内容となっており、特に最終段落の内容と一致します。キーワードである「メンタルヘルス」という語はありませんが**「精神的な健康の維持」と同意の表現がある**ので、正解です。

選択肢5／「生活の基盤となる収入を得ることは不可欠であるため、個々人の成長ややりがいに関係なく、働かなければならない」という部分に本文と食い違う点があるので不正解です。

言語
問7

正解：1

問題➡本冊 P.138

難易度／★★★

・「危惧」…**あやぶみ、おそれること**。同義語として妥当なのは選択肢1の「懸念」です。

言語
問8

正解：3

問題➡本冊 P.138

難易度／★★★

・「快諾」…**依頼や申し入れを快く承諾すること**。対義語として妥当なのは「かたく辞退すること」を意味する選択肢3の「固辞」です。

言語
問9

正解：4

問題➡本冊 P.139

難易度／★★★

「詩や歌などに技巧のあとがなく自然で、完全に美しいこと」が正解です。「天衣無縫（てんいむほう）」は、天人の衣服には縫い目のあとがないことを表し、転じて、詩や文章などに技巧のあとが見えず自然で、しかも完全無欠で美しいことを意味します。また、天真爛漫であることやそのさまを表すこともあります。

速解のコツ

知らない四字熟語のケースでは、２つの熟語の組み合わせと考えて、検討していくのも一つの方法。

言語 問10	正解：3
	問題➡本冊 P.139
	難易度／★★★

・「損得」…**「損⇔得」と逆の意味の漢字を組み合わせた熟語。**よって同義語は選択肢3の「利⇔害」となります。慌ててまぎらわしい選択肢に惑わされないよう、落ち着いて考えましょう。

言語 問11	正解：3
	問題➡本冊 P.140
	難易度／★★★

・「総合」…**個々別々のものを一つに合わせてまとめること。**対義語として妥当なのは「複雑な事柄を一つひとつの要素や成分に分け、その構成などを明らかにすること」を意味する選択肢3の「分析」です。分解もまぎらわしいですが、これの対義語は「合成」「化合」です。

言語 問12	正解：1
	問題➡本冊 P.140
	難易度／★★★

「とても苦労して勉強し、その末に成功すること」が正解です。「蛍雪の功」は、中国晋の時代、貧しく灯油を買えなかった二人の若者が、一人は夏に蛍の光、もう一人は冬に窓から入る雪明りのもとで勉強をしたという故事に由来する言葉。苦労して勉学に励んだその成果を意味します。

速解のコツ

中国の出来事などに由来する四字熟語は、意味とエピソードを一緒にインプットしておく。

言語 問13

正解：2

問題➡本冊 P.141

難易度／★★★

・「知己」…**自分のことをよく理解してくれている人**。同義語として妥当なのは選択肢2の「親友」。「己を知る」などと漢字から意味を推測すると、他の選択肢「自覚」「反省」などもあてはまりそうに感じてしまいます。このように絶妙な選択肢も多いので、推測に頼り過ぎず正しい言葉の意味を覚えるようにしましょう。

言語 問14

正解：3

問題➡本冊 P.141

難易度／★★★

・「過失」…**不注意などによって生じたしくじり**。対義語として妥当なのは、「わざとすること」を意味する選択肢3の「故意」です。

言語 問15

正解：5

問題➡本冊 P.142

難易度／★★★

本文の要旨を整理しておきます。

・悪や不正に対する拒否反応は誰にでもある。
・**理想論や正論にも窮屈さや苦痛を感じることがあるのはなぜか**。
・（例）高齢者福祉施設、薄味和食ばかりよりジャンクフードが存在する方がよかった。
・正しいこと→日常化・当然→形骸化→感覚が鈍る。
・さらにそれが他者からの強制・管理だと「依存」か「ストレス」となる。
→どちらにしても無気力や身体機能低下につながり、好ましくない。

・（他者への依存を避けて）主体性のある行動をするためには、「自己の判断による選択」という過程が必要。その妨げとなるのが他者からの強制。たとえ正しくても拒絶したくなる。**正論に反抗したくなるのは、自分の選択肢と判断の場を奪われると感じたときではないか。**

◆選択肢の検証

選択肢１／前半は本文の内容と合っていますが、後半は要旨の説明ではなく感想文のようになっています。不正解です。

選択肢２／前半の話を一部含んでいますが、後半を落ち着いて読めば「正しく見えて誤り」「誤情報を見破る判断力」についての話ではありません。

選択肢３／「思春期特有の精神的な成長」という限られた時期の話ではないので、不正解です。

選択肢４／本文のキーワードを使って書かれていますが、「正しい秩序による選択肢」からの部分が違います。選択肢を正しいものだけにされてからの判断では意味がないというのが本文の内容です。

選択肢５／内容が筆者の主張に合致します。正解です。

言語
問16

正解：4

問題➡本冊 P.144

難易度／★★★

「手ごたえや効き目がないこと」が正解です。「豆腐に鎹（かすがい）」は、少しも手ごたえがなく、ききめがないことの例え。似た意味のことわざに「糠に釘」「暖簾に腕押し」「焼け石に水」「馬の耳に念仏」などがあります。合わせて覚えましょう。

言語 問17

正解：2

問題➡本冊P.144

難易度／★★★

・「粗雑」…**いいかげんで大ざっぱなこと**。同義語として妥当なのは選択肢2の「杜撰（ずさん）」です。

言語 問18

正解：1

問題➡本冊P.145

難易度／★★★

・「隠微」…**外に現れず、わかりにくいこと**。対義語として妥当なのは「際立って目に付くさま」を意味する選択肢1の「顕著」です。

言語 問19

正解：5

問題➡本冊P.145

難易度／★★★

「**何事にも動じず落ち着いている様子**」が正解です。「泰然自若」の意味は「落ち着いていて物事に動じないさま」。類義語に「明鏡止水」「冷静沈着」「神色自若」などがあり、対義語に「戦々恐々」「周章狼狽」「右往左往」などがあります。合わせて覚えましょう。

速解のコツ

四字熟語の学習時は、類義語・対義語をまとめて学んでおくと頭の中で整理されて、暗記も効率的にできる。

言語
問20

正解：1

問題➡本冊P.146

難易度／★★★

・「介入」…**当事者以外の者が入り込むこと**。同義語として妥当なのは選択肢1の「関与」です。

言語
問21

正解：4

問題➡本冊P.146

難易度／★★★

・「創造」…**新しいものを初めてつくり出すこと**。対義語として妥当なのは「他のものをまねること」を意味する選択肢4の「模倣」です。「創造」の対義語には「破壊」もあります。

言語
問22

正解：5

問題➡本冊P.147

難易度／★★★

「**失敗して面目を失うこと**」が正解です。「みそを付ける」は、しくじって恥をかくこと、面目をなくすことなどを意味する表現です。恥をかかせること、面目を失わせることは「（顔に）泥を塗る」と言います。合わせて覚えましょう。

言語
問23

正解：5

問題➡本冊 P.147

難易度／★★★

・「機転」…**その場に応じた、機敏な心の働かせ方。**同義語として妥当なのは選択肢５の「機知」です。

言語
問24

正解：2

問題➡本冊 P.148

難易度／★★★

本文の要旨を整理しておきます。

・読書→技術。ひとそれぞれで発明的（＝自分で見つけるべき）。一般的規則がある。

・「多読・濫読」はまず多く読むことを意味する。多くの本を濫りに読まずに一冊を繰り返して読まなければならないと昔から教えられている。これは正しい知恵ではあるが、老人の教訓を忠実に守る青年は進歩的でも独創的でもない。人類は同じ誤謬を繰り返している(＝つまり、誰もがまずはこの道を通るものだ)。

・**一般的教養と専門は相補わねばならないもの。**目的がないと読書しない、功利主義の読書は有害（＝濫読はやはり必要である)。
目的がない読書、手あたり次第の読書が、結果的に一般的教養になる。そのためには専門的な読書も必要。

◆選択肢の検証

選択肢１／本文内前半で否定していたが、その後読むと「濫読」は専門的な本も読んでいくことで「真の教養となる」とあり、必要だというのが筆者の意見です。不正解です。

選択肢２／筆者の主張に合致します。正解です。

選択肢３／本文の内容の一部分ではありますが、「読書」「濫読」にまったく触れておらず要旨とは言えません。不正解です。

選択肢4／文章後半の筆者の主張である、一般教養と専門（真の教養）に関する内容が含まれていないので不正解です。

選択肢5／この選択肢だと「濫読」は不要、「博読」の方が大切ということになります。本文では「濫読と博読」とが相補わねばならないとありましたので不正解です。

速解のコツ

筆者の意見や価値観をつかんで、選択肢の中の「別の立場の意見」や「拡大解釈」が含まれたものを排除しよう。

言語
問25

正解：2

問題➡本冊P.150

難易度／★★★

・「陳腐」…**古くさいこと。ありふれていて、つまらないこと**。対義語として妥当なのは「趣向や発想などがきわだって新しいさま」を意味する選択肢2の「斬新」です。

言語
問26

正解：3

問題➡本冊P.150

難易度／★★★

冗談で言ったことが実現することが正解です。「瓢箪（ひょうたん）から駒が出る」は、意外な所から意外な物が出ることを表し、ふざけて言ったことが実現することの例えとして使用されます。類語として「嘘から出たまこと」があります。

B(新)型／言語　解答・解説

言語
問27

正解：1
問題➡本冊 P.151
難易度／★★★

・「悠長」…**動作や態度などが落ち着いていて気の長いこと**。同義語として妥当なのは選択肢1の「鷹揚（おうよう）」です。

言語
問28

正解：5
問題➡本冊 P.151
難易度／★★★

・「文明」…**人知が進んで世の中が開け、精神的、物質的に生活が豊かになった状態**。この対義語は、「未だ人の手が入っていない発達途上の状態」を意味する「野蛮」「未開」「原始」などです。

言語
問29

正解：2
問題➡本冊 P.152
難易度／★★★

「**ごく短い時間、わずかな期間のこと**」が正解です。「一朝一夕（いっちょういっせき）」は「わずかな期間。短い時日」のことを意味します。

速解のコツ

よく聞く四字熟語でも意味を勘違いしている場合もあるので、改めて正しい意味を確認しておこう。準備をしっかり行うことで差がつく。

言語 問30

正解：3

問題➡本冊 P.152

難易度／★★★

・「高慢」…**自分の才能・容貌（ようぼう）などが人よりすぐれていると思い上がって、人を見下すこと。**同義語として妥当なのは選択肢3の「尊大」です。

言語 問31

正解：2

問題➡本冊 P.153

難易度／★★★

・「興隆」…**勢いが盛んになること。**国や文化、民族が主語になることが多い言葉です。対義語として妥当なのは、「ほろびること。絶えてなくなってしまうこと」を意味する選択肢2の「滅亡」です。

言語 問32

正解：2

問題➡本冊 P.153

難易度／★★★

「不必要なことの例え」が正解です。「月夜に提灯」は「不必要なこと、むだなこと」の例え。街灯がなく夜になると真っ暗だった昔、月が輝く「明るい夜」に提灯は「不必要なもの」でした。ことわざの意味を現代の感覚で推測すると勘違いする可能性があるので、気を付けましょう。

言語
問33

正解：1

問題➡本冊 P.154

難易度／★★★

・「歴然」…**まぎれもなくはっきりしているさま。**対義語として妥当なのは「ぼんやりとして、はっきりしないさま」を意味する選択肢1の「漠然」です。

言語
問34

正解：2

問題➡本冊 P.154

難易度／★★★

「良し悪しを見分ける力があること」が正解です。「目が利く」は、善悪を見分ける能力があること、あるいは物事の本質を見抜く力が優れていることなどを意味する表現です。他にも「目が肥える」「目から鼻に抜ける」など「目」を使ったことわざ・慣用句は多いので一通り意味を確認しておきましょう。

計数 問1

正解：2

問題➡本冊 P.155

難易度／★★★

データ処理型の差を出すタイプの問題です。**不合格者数＝受験者数－合格者数とすれば求められます。**表のデータの左から右の数値を引くだけでよいので、電卓で順に計算していきましょう。

2016年　720－254＝466
2017年　803－261＝542
2018年　769－259＝510
2019年　747－258＝489
2020年　725－256＝469

これより、不合格者が最も多かった年は2017年とわかります。

速解のコツ

差を出すのは暗算では意外とやりにくいので、解答の方針がたったら、電卓で一気に計算していく。

計数 問2

正解：2

問題➡本冊 P.156

難易度／★★★

計算式では⇒（3÷5）×100＝60%　と計算します。
電卓では⇒**3、÷、5、%**　と入力します。
※以下、スマートフォンの電卓機能などは、入力方法が異なるものもあるので必ず確認しておく。

計数 問3

正解：4

問題➡本冊 P.156

難易度／★★★

計算式では⇒（5÷8）×100＝62.5%　と計算します。
電卓では⇒**5、÷、8、%**　と入力します。

計数 問4

正解：3

問題➡本冊 P.157

難易度／★★★

計算式では⇒（45÷6）×100＝750%　と計算します。
電卓では⇒**45、÷、6、%**　と入力します。

計数 問5

正解：3

問題➡本冊 P.157

難易度／★★★

計算式では⇒（7÷25）×100＝28%　と計算します。
電卓では⇒**7、÷、25、%**　と入力します。

速解のコツ

いま使っている電卓の特徴をつかんでおくことはとても大事。この問題でも電卓によっては、最後に「＝」を入力しなければならない機種もある。

計数 問6

正解：3

問題➡本冊 P.158

難易度／★★★

データ抽出型の合計を出すパターンです。表の見方は、乗車駅と降車駅を探し、それを縦、横に延長し交わるところを見つけます。

姪浜												
200	室見											
200	200	藤崎										
260	200	200	西新									
260	260	200	200	唐町								
260	260	260	200	200	公園							
260	260	260	260	200	200	赤坂						
300	260	260	260	200	200	200	天神					
300	260	260	260	260	200	200	200	川端				
300	300	260	260	260	260	200	200	200	祇園			
300	300	300	260	260	260	260	200	200	200	博多		
300	300	300	300	260	260	260	260	200	200	200	比恵	
330	330	300	300	300	300	260	260	260	260	260	200	空港

まず、「空港」から「天神」に向かうときは、赤線で示したように、最下段の「空港」から左横に、表の中ほどの「天神」から下に伸ばし、交差するところの料金をみると乗車料金は260円となります。

次に、「天神」と「姪浜」間についても同様に、交差するところの料金をみると乗車料金は300円となります。

以上から、乗車料金の合計は260＋300＝560円となり肢**3**が正解とわかります。

計数 問7

正解：2

問題➡本冊 P.159

難易度／★★★

計算しやすいように、次のように式を変えます。

□－743＝7267

①

計算式では⇒7267＋743＝8010　と計算します。

電卓では⇒**7267、＋、743、＝**　と入力します。

速解のコツ

左側（左辺）に□がある、逆算するタイプの問題である。逆算がスムーズにできるように、しっかり確認しておこう。

計数 問8

正解：4

問題➡本冊 P.159

難易度／★★★

①左側の○のかけ算をし、②右側の３をかけます（逆算）。

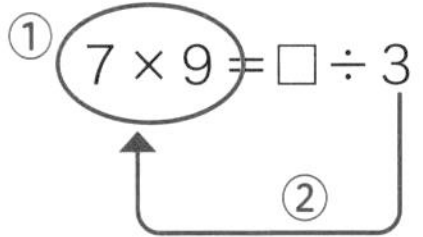

①の○の部分は、暗算でもよいです。計算式では⇒（7×9）×3＝189　と計算します。

電卓では⇒**7、×、9、×、3、＝**　と入力します。

計数 問9

正解：5

問題➡本冊 P.160

難易度／★★★

①左側の○の足し算をし、②右側の６で割ります（逆算）。

①(15＋39)＝6×□ ②

計算式では⇒（15＋39）÷6＝9　と計算します。

電卓では⇒**15、＋、39、÷、6、＝**　と入力します。

計数 問10

正解：2

問題➡本冊 P.160

難易度／★★★

①左側の○の引き算をし、②右側の4で割ります（逆算）。

①(51－27)＝4×□ ②

計算式では⇒（51－27）÷4＝6　と計算します。

電卓では⇒**51、－、27、÷、4、＝**　と入力します。

計数 問11

正解：2

問題➡本冊 P.161

難易度／★★★

①左側の○の足し算をし、②右側の8で割ります（逆算）。

①(19＋29)＝8×□ ②

計算式では⇒（19＋29）÷8＝6　と計算します。

電卓では⇒**19、＋、29、÷、8、＝**　と入力します。

左側に□があるタイプです。①右側の○の割り算をし、②左側の9で割ります（逆算）。

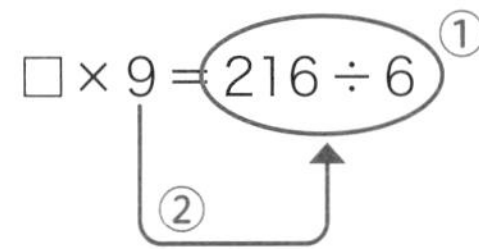

計算式では⇒（216÷6）÷9＝4　と計算します。

電卓では⇒**216、÷、6、÷、9、＝**　と入力します。

左側に□があるタイプです。①右側の○の割り算をし、②左側の8で割ります（逆算）。

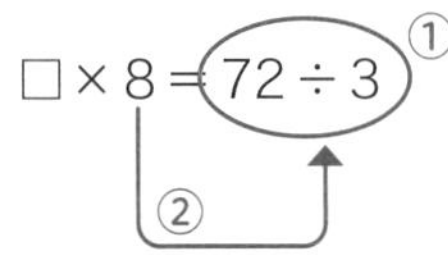

計算式では⇒（72÷3）÷8＝3　と計算します。

電卓では⇒**72、÷、3、÷、8、＝**　と入力します。

①右側の○の割り算をし、②左側の7で割ります（逆算）。

□×7≒196÷4 ①
②

計算式では⇒（196÷4）÷7＝7　と計算します。
電卓では⇒**196、÷、4、÷、7、＝**　と入力します。

計数 問15

正解：5
問題➡本冊P.163
難易度／★★★

①右側の3をかけて（逆算）、②右側の18をたします（逆算）。

16＝（□－18）÷3 ①
②

計算式では⇒（16×3）＋18＝66　と計算します。
電卓では⇒**16、×、3、＋、18、＝**　と入力します。

速解のコツ

右側の（　）の中に□があるタイプ。（　）を一つの数字とみて逆算をしていく。

計数 問16

正解：1
問題➡本冊P.163
難易度／★★★

①右側の2をかけて（逆算）、②右側の51をたします（逆算）。

28＝(□－51）÷2 ①
②

計算式では⇒（28×2）＋51＝107　と計算します。
電卓では⇒**28、×、2、＋、51、＝**　と入力します。

速解のコツ

右側から左側に矢印が伸びているときは（等号を越えるときは）逆算していく。

計数
問17

正解：4

問題➡本冊 P.164

難易度／★★☆

抽出型データ（人口）を見て、条件にあるものだけを選び出す問題です。ここでは人口が20万人超の都市ということですから、**200,000より大きい数字の個数をチェックしていきます**（下図参照）。これより、人口が20万人超となるのは9都市とわかります。

東北の都市の人口（単位：人）

青森県		秋田県	
八戸市	222,173	秋田市	301,573
弘前市	164,831	横手市	85,253
青森市	272,752	山形県	
岩手県		鶴岡市	121,365
奥州市	112,538	酒田市	98,182
盛岡市	284,044	山形市	240,990
一関市	110,679	福島県	
花巻市	92,928	福島市	271,798
北上市	92,181	いわき市	312,779
宮城県		郡山市	318,526
石巻市	137,868	会津若松市	114,639
仙台市	1,062,285		
大崎市	126,264		

（人口：各県の令和4年4月調査に基づく）

計数 問18

正解：3

問題➡本冊 P.165

難易度／★★★

①右側の4をかけて（逆算）、②右側の25をひきます（逆算）。

21＝（□＋25）÷4

計算式では⇒（21×4）－25＝59　と計算します。

電卓では⇒**21、×、4、－、25、＝**　と入力します。

計数 問19

正解：4

問題➡本冊 P.165

難易度／★★★

①右側の2をかけて（逆算）、②右側の39をひきます（逆算）。

85＝（□＋39）÷2

計算式では⇒（85×2）－39＝131　と計算します。

電卓では⇒**85、×、2、－、39、＝**　と入力します。

計数 問20

正解：3

問題➡本冊 P.166

難易度／★★★

①左側の6で割り（逆算）、②左側の7をたします（逆算）。

①
6×（□−7）＝84
②

計算式では⇒（84÷6）＋7＝21　と計算します。

電卓では⇒**84**、**÷**、**6**、**+**、**7**、**=**　と入力します。

計数 問21	正解：1 問題➡本冊P.166 難易度／★★★

①左側の4で割り（逆算）、②左側の2をたします（逆算）。

①
4×（□−2）＝32
②

計算式では⇒（32÷4）＋2＝10　と計算します。

電卓では⇒**32**、**÷**、**4**、**+**、**2**、**=**　と入力します。

計数 問22	正解：4 問題➡本冊P.167 難易度／★★★

①左側の9で割り（逆算）、②左側の11をたします（逆算）。

①
9×（□−11）＝153
②

計算式では⇒（153÷9）＋11＝28　と計算します。

電卓では⇒**153**、**÷**、**9**、**+**、**11**、**=**　と入力します。

速解のコツ

本問が２ステップ型であることを瞬時に見極めて式を操作し、１ステップ型にする（本冊70ページ）。

計数 問23

正解：2

問題➡本冊P.167

難易度／★★★

①左側の18で割り（逆算）、②左側の12をたします（逆算）。

18×（□－12）＝342

計算式では⇒（342÷18）＋12＝31　と計算します。

電卓では⇒**342、÷、18、＋、12、＝**　と入力します。

計数 問24

正解：4

問題➡本冊P.168

難易度／★★★

①左側の○の引き算をし、②右側の15にかけます（逆算）。

□÷（17－4）＝15

計算式では⇒（17－4）×15＝195　と計算します。

電卓では⇒**17、－、4、×、15、＝**　と入力します。

計数 問25

正解：1

問題➡本冊 P.168

難易度／★★★

①左側の○の引き算をし、②右側の18にかけます（逆算）。

□÷ ①(29 − 11) ＝18 ②

計算式では⇒（29 − 11）× 18 ＝ 324　と計算します。

電卓では⇒**29、−、11、×、18、＝**　と入力します。

計数 問26

正解：4

問題➡本冊 P.169

難易度／★★★

①左側の○の引き算をし、②右側の21にかけます（逆算）。

□÷ ①(21 − 7) ＝21 ②

計算式では⇒（21 − 7）× 21 ＝ 294　と計算します。

電卓では⇒**21、−、7、×、21、＝**　と入力します。

計数 問27

正解：5

問題➡本冊 P.169

難易度／★★★

①左側の○の引き算をし、②右側の34にかけます（逆算）。

①
□÷（(43－37)）＝34
②

計算式では⇒（43－37）×34＝204　と計算します。

電卓では⇒**43、−、37、×、34、＝**　と入力します。

計数 問28	正解：5
	問題➡本冊 P.170
	難易度／★★★

データを見て総人口が5番目に多い県を選び出す問題です。数値の大きい上位3道県（北海道、新潟県、長野県）は除き、1,000,000人台の上位から2つ目の県を見つければよいです。

これより、福島県が5番目であることがわかります。

都道府県	総面積（km^2）	総人口（人）
北海道	78421.36	◎ 5,181,776
岩手県	15275.01	1,196,277
福島県	13784.14	1,812,190
長野県	13561.56	◎ 2,033,181
新潟県	12583.95	◎ 2,176,879
秋田県	11637.52	944,902
岐阜県	10621.29	1,960,461
青森県	9645.62	1,221,288
山形県	9323.13	1,054,729
鹿児島県	9186.42	1,576,674

計数 問29	正解：4
	問題➡本冊 P.171
	難易度／★★★

まず、①左側の○のかけ算をし、②左側の4をたし、③右側の3をか

けます（逆算）。

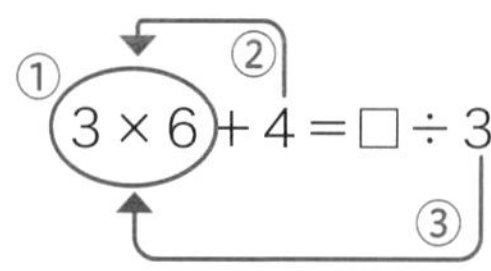

計算式では⇒{（3×6）＋4}×3＝66　と計算します。

電卓では⇒**3、×、6、+、4、×、3、=**　と入力します。

速解のコツ

3ステップ型では、最初に手をつけるところの見極めが大事。左側の○をつけている部分はそのまま暗算でいきたいところである。矢印が等号を越えているときは、逆算となる。

計数
問30

正解：1

問題➡本冊 P.171

難易度／★★★

①右側の○の割り算をし、②左側の6をたし（逆算）、③左側の8で割ります（逆算）。

②　①
□×8－6＝84÷2
③

計算式では⇒{（84÷2）＋6}÷8＝6　と計算します。

電卓では⇒**84、÷、2、+、6、÷、8、=**　と入力します。

計数
問31

正解：2

問題➡本冊 P.172

難易度／★★★

データ（入場者数）を順に加えていき、合計が2000人を超える時間帯を選び出す問題です。**はじめに概数（できれば暗算）で値を順に13時まで加えていく**と

400→1000→1500→1900

となるので、次の時間帯（13時以降）で2000人を超えると予想できます。

確認のため、電卓で順に加えていくと

384＋612＋543＋422＝1961、（13：00までの合計）

1961＋327＝2288人（13：00～14：00）

となり、予想が正しかったことがわかります。

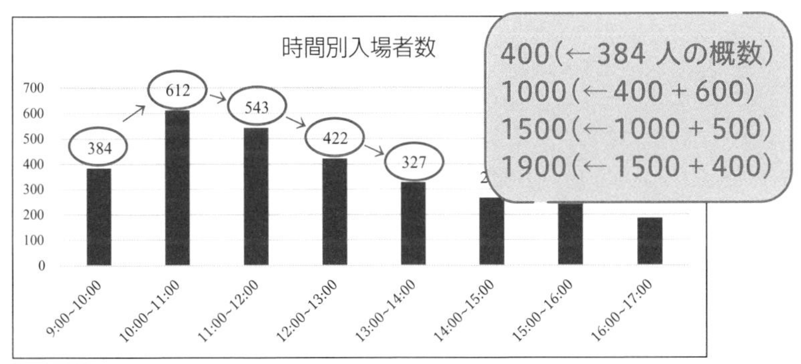

計数
問32

正解：2

問題➡本冊 P.173

難易度／★★★

①右側の○の割り算をし、②左側の77をたし（逆算）、③左側の12で割ります（逆算）。

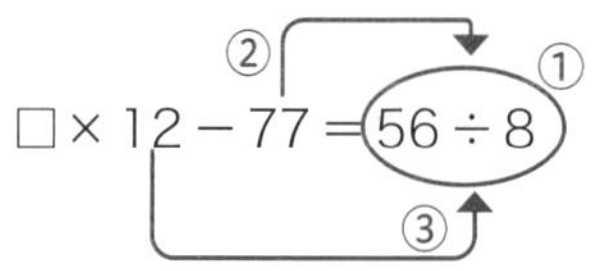

計算式では⇒{（56÷8）＋77}÷12＝7　と計算します。

電卓では⇒**56、÷、8、＋、77、÷、12、＝**　と入力します。

計数 問33

正解：5

問題➡本冊 P.173

難易度／★★★

①左側の○のかけ算をし、②左側の16をひき、③右側の2をかけます（逆算）。

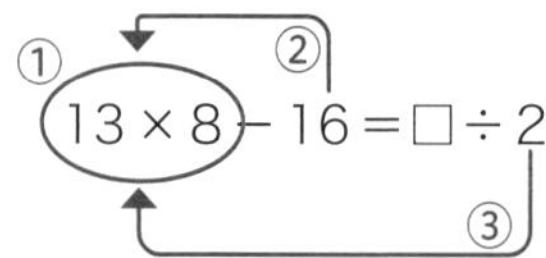

計算式では⇒{（13×8）－16}×2＝176　と計算します。

電卓では⇒**13、×、8、－、16、×、2、＝**　と入力します。

速解のコツ

電卓によっては、13 × 8 － 16 ＝として答えを確定させてから、× 2 を入力しなければいけない機種もある。

計数 問34

正解：4

問題➡本冊 P.174

難易度／★★★

得点の高い順から人数を合計していき、300番目に当たる人の成績がどこにいるか選び出す問題です。

はじめに概数（できれば暗算）で人数を順に725～750点のところまで加えていくと（はじめの1＋8≒10人としています）、

10→20→40→80→140→220→

となるので（多く見積もっても300人には達していないことはわかるので）、次の成績のところで300人に達すると予想できます。なお、次の成績の人数が128人となっているので、300人を超えるのは明らかですから、計算し直さなくともよいでしょう。正解は700～725の選択肢4になります。

成績（点） （以上）（未満）	人数	成績（点） （以上）（未満）	人数
～500	45	700～725	128
500～525	18	725～750	77
525～550	32	750～775	59
550～575	47	775～800	38
575～600	35	800～825	24
600～625	42	825～850	12
625～650	63	850～875	8
650～675	88	875～900	1
675～700	183	計	900

速解のコツ

表の下から順に加えていく。

（1 + 8 人の概数→） 10
（10 + 10 →） 20
（20 + 20 →） 40
（40 + 40 →） 80
（80 + 60 →） 140
（140 + 80 →） 220

計数
問35

正解：4

問題➡本冊 P.175

難易度／★★★

まず、①右側の○の割り算をして4をたし、②左側の15をひきます（逆算)。③答えがマイナスになるので符号を逆（プラス）にします。

15－□＝(8÷2＋4)
①: 8÷2＋4
②: 15 ➡ (8÷2＋4)

計算式では⇒{（8÷2）＋4}－15＝－7　と計算します。

電卓では⇒**8、÷、2、＋、4、－、15、＝**　と入力します。

速解のコツ

この問題は1ステップ型でいうところの例外パターン。通常通り逆算して最後に符号をプラスにする。これを方程式で表すと、次のようになる。

$15 - x = 8 \div 2 + 4$

$15 - x = 8$

$-x = 8 - 15$

$-x = -7$

$x = 7$

となり、符号を変える（－⇒＋）理由が理解できると思います。

計数 問36

正解：2

問題➡本冊 P.175

難易度／★★★

両辺が割り算のときは比と考えます。

1012：□＝92：5

①外側の1012と5をかけ、②内側の92で割ります。

1012÷□＝92÷5

計算式では⇒（1012×5）÷92＝55　と計算します。

電卓では⇒**1012、×、5、÷、92、＝**　と入力します。

速解のコツ

左右がともに割り算のときは比の形と考えるとやりやすい。「内項の積＝外項の積」と置いて計算する。

1012:□ = 92:5 ⇒□× 92 = 1012 × 5

COLUMN 電卓機能を使いこなす

メモリーキーを使えば、２つ以上の計算があってもメモ書きなしで、答えを出すことができます。なお、**メモリーキーは以下の表のように大きく分けて４種類あります。**※電卓は下表のキーがあるかどうかでカシオ型、シャープ型に二分できます。

メモリーキー	特徴
M＋	加算するメモリーキー
M－	減算するメモリーキー
MR（カシオ型）※もしくはMRC RM（シャープ型）	呼び出すメモリーキー
MC（カシオ型）※もしくはMRC CM（シャープ型）	メモリーの内容を消す

次の□の値を求める例題で、メモリーキーの使い方を見てみましょう。

82 × 5＝□－3 × 28

通常ならば、２つの掛け算を行い、それらをメモに書き留め、たして答えを求めます。しかし、**メモリーキーを使えばメモ書きすることなく、最終の答えを求めることができます。**

メモリーキーを使って、電卓のみで計算する方法は以下の通りです。

①82 × 5と計算（答えは410）

②メモリーキー（M+キー）を押して、電卓に記憶
※記憶された証としてMのマークが電卓の表示窓に出てくる

③3 × 28を行い（答えは84）、メモリーキー（M+キー）を押す
※①の410に③の84を足した金額を電卓が記憶

④最後に、その結果を表示するために、カシオならMRキー、シャープならRMキーを押します。
※410に84を加えた494を表示

TG-WEBの四則演算は、メモリーキーを使わなくてもメモなしで答えを導き出せる問題がほとんどですが、覚えておくとよいでしょう。